見るだけでわかる！

The Infographic Encyclopedia of The Business Classics

ビジネス書図鑑

これからの教養編

荒木博行

著

Hiroyuki Araki

iscover

まえがき
Introduction
── 自由な「誤読」のススメ

2018年11月に本書の前作である『見るだけでわかる！ ビジネス書図鑑』を出版しました。おかげさまで良い反応をいただき、本書を出版することができました。

前作の出版から、約1年が経過しました。この1年間は私にとって大きな変化の年でもありました。

変化のきっかけの一つは、「誤読」というキーワードに巡り合えたこと。

一般的に誤読とは、「誤った解釈をすること」という意味であり、ポジティブに語られる言葉ではありません。しかし、Takramの渡邉康太郎さんが語る「誤読」という表現をたまたま耳にし、「我が意を得たり」と膝を打ちました。

ものづくりの世界において、作り手はある特定の意図を持って製品開発を行います。しかし、その意図とは外れて、使い手は使い手で、自由にその製品を解釈します。製品開発者はその自由な解釈まで含めて「ものづくり」だと捉えるべきであり、むしろ使い手の解釈に自由度が生まれるように余白を残していくことがものづくりの面白さなのであると。渡邉さんはこのような「自由な解釈」を「誤読」と呼び、誤読の重要性を語りました。

この話は読書という行為にも等しく当てはまると私は考えています。著者には著者なりの意図があるでしょう。しかし、読者には読者独自の文脈があり、そしてそれぞれが持つ感性があります。読者が著者へのリスペクトとして、時代背景や問題意識を理解することは重要です。しかし、読書とは国語のテストではありません。積極的に誤読することで、読書は楽しくなるし、応用範囲も広がっていくのです。

今回の「これからの教養編」では、前作同様に多くの古典的名著から近年のベス

トセラーまで、30冊の書籍を紹介しています。しかし、章立てと書籍の関係性に違和感を覚える方もいるのではないでしょうか。

　たとえば、マキアヴェリの『君主論』は、「キャリア」をテーマにした章にラインナップされていますが、あの本にキャリアに関する直接的な考察は含まれていません（そもそも16世紀当時、「キャリア」という概念は存在しなかったはずです）。

　つまり、このラインナップは私なりの「誤読」の要素が多分に含まれています。もちろん、『君主論』の主旨は、本の内容をイラストで解説するページでしっかり伝えるようにしていますが、書籍の並びや引用からの解釈では、「え？　そんな解釈もできるの？」という誤読の余地を大いに楽しんでいただければと思います。

　さて、それでは今回の「これからの教養編」の構成とその意図をお伝えします。

　今回は『ビジネス書図鑑』の単なる続編にはせず、「これからの教養」というコンセプトを設けました。今日において「教養」とは、いろいろな捉え方があると思います。「知識の広さ」「知識の深さ」と、意味する場合もあります。しかし、「教養ある人」とは、単なる知識以上の意味合いが含まれているはずです。

　『あらためて教養とは』（村上陽一郎著、新潮社）という書籍において、村上陽一郎先生は教養という言葉を要素分解されました。「自らを立てる力」、もしくは「揺るがない自分を造り上げる力」という要素を見出されています。

　世の中がどうであれ、他者がどうであれ、確固たる自分という軸を持ち、そしてそれに従って慎ましく凛として生き抜く姿。たとえ他者の目に止まらずとも、自己を見つめ、自分の使命感に従ってやるべきことを全うする生き方を貫いている姿。

　このような姿に私たちは「教養」を感じるのだと思います。裏を返せば、どれだ

け知識が豊富であっても、それを正しく活用せず、大きな組織のうねりに抗うことなく流されているような生き方をしている人を「教養人」とは呼びません。

　難しい古典などを読み漁り多くの知識を持っていながらも、目の前にある大きな組織的な課題を見て見ぬふりしてやり過ごしてしまっている人もいます。そういう人は得てして「エセ教養人」と揶揄されます。

　つまり、知識の多寡そのものだけが教養ではないのです。

　そんな私なりの教養という言葉に対する「誤読」を踏まえて、本書は5章立ての構成にしました。
　第1章：自己理解を深めよう
　第2章：自己を解放しよう
　第3章：他者をリスペクトし、愛を与えよう
　第4章：頭の使い方をアップデートしよう
　第5章：キャリアを"高い視点"で考えよう

　これらの要素は、すべて「揺るがない自分を造り上げること」に直結するものです。まずは自分を正しく理解しつつ、自分らしさを追求すること。そして他者との幸せな関係性を築くこと。この時代を読み解く頭を持ちながら、自分の道行を考え抜くこと。これらに対する強い意思を持ち、先人たちの知恵に学び、そしてそれらの知恵を実践していくことが、「揺るがない自分」につながっていくのでしょう。
　それでは共に先人たちの知恵の助けをお借りしながら、「これからの教養」についての学びを深めていきましょう。

見るだけでわかる！

ビジネス書図鑑 これからの教養編 ｜ 目次

The Infographic Encyclopedia of The Business Classics

Index

Chapter 1. 自己理解を深めよう

Chapter 2. 自己を解放しよう

Chapter 3. 他人をリスペクトし、愛を与えよう

Chapter 4. 頭の使い方をアップデートしよう

Chapter 5. キャリアを"高い視点"で考えよう

本の読み方・使い方

　前作の『ビジネス書図鑑』では、本の読み方の「4段階ピラミッド」をお伝えしました。この4段階ピラミッド（概要、下図）の詳細は前作に譲るとして、本書では「誤読の楽しみ方」をお伝えします。

　次頁から紹介する3ステップをたどれば、どんな本でも「自分ごと」に捉えることができるようになり、読書の楽しみが一気に広がるはずです。

4 段 階 ピ ラ ミ ッ ド

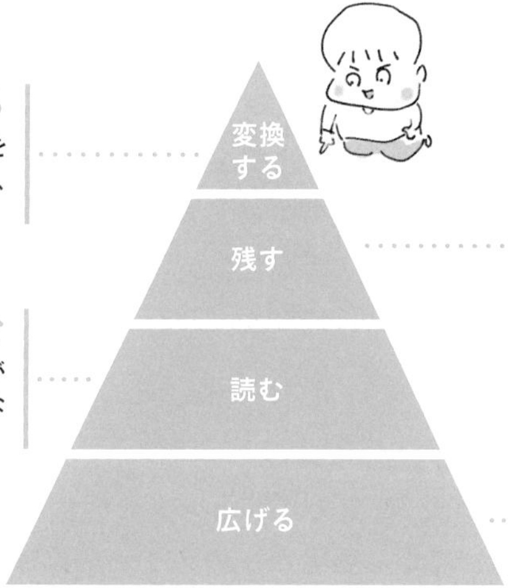

第4階層 変換する
良書に出会ったら、その内容を
自分のものに変換するために、
対話や実践を通じて深めていく

第3階層 残す
本の内容を後でも活用できるように何らかの形で残すようにする

第2階層 読む
メッセージや構成を理解しながら読む。ダラダラ読むのではなくメリハリをつける

第1階層 広げる
本に対するアンテナを立て、良書の情報が入ってきやすくする。要約サービスもオススメ！

変換する

残す

読む

広げる

1 書籍のメッセージをストレートに理解する（具体）

最初のステップは、著者の意図をそのまま素直に理解することです。そのためには、前書の4段階ピラミッド（「広げる」「読む」「残す」「変換する」というプロセス）がそのまま活用できます。

ここで大切なことは、可能な限り著者の視界に寄り添うことです。

最初から自分の経験に紐づけて、自分のレンズだけで読書をしてしまうと、読書の醍醐味のひとつである「視界の広がり」を味わうことができません。

とくに、次の3点を理解するように努めましょう。
・著者がどんな時代にいたのか
・何を見たのか
・何を訴えたかったのか

イラストとともに書籍を紹介しているページは、このステップ1に該当します。できるだけ著者の主張に寄り添ってポイントをまとめたので、内容をより深く理解することにお役立てください。

2 メッセージの抽象度を高める（抽象）

ここからが大切です。

2番目のステップは、著書のメッセージの抽象度を高めること。特に歴史的な書物や異なる環境に身を置いている著者からのメッセージは、今、目の前の課題には、ダイレクトに適用できないものが多く含まれています。そのため、メッセージの抽象度を高めて、学

びの適用範囲を広げる工夫が必要になります。

　たとえば、本書で紹介している『マッキンダーの地政学』（P.127参照）は、地理条件を踏まえたグローバル各国の国際関係を読み解いた本です。この本のメッセージは、国際政治に携わっている人でない限り、直接的な活用はできないでしょう。

　そこで、メッセージの抽象度を高めて、汎用性を高めます。

　マッキンダーは「東欧という場所は、ユーラシア大陸のランドパワー（ロシア）が西欧のシーパワーに圧力をかけるときの重要な進出拠点になる。だからこそ、東欧の支配体制はこれからの勢力争いを占うポイントだ」というメッセージを同書で伝えています。そのメッセージの抽象度を高めると、たとえば「どんな複雑なシチュエーションでも、勝負を決めるポイントは絞られる。そのクリティカル・ポイントをまずは見つけて、そこに最大限の関心を払うこと」と、読み替えることができます。この抽象化には、明確な正解があるわけではありません。

　ほかにも、「ケンカが繰り返し起きる場所には、その背後に別の大きな力同士の主導権の奪い合いという構造がある」といった解釈が可能かもしれません。

　このように、そのメッセージの本質を維持しながら、具体的な言葉を抽象的に変換することが大切なのです。

STEP 3　目の前の事象に当てはめてみる（具体）

　さて、本のメッセージを抽象化できたら、目の前の具体的な課題などに適用が可能になります。

　たとえば、翌日にプレゼンを控えたときに、『マッキンダーの地政学』を応用して、「プレゼンの注意点はかなりたくさんあるけど、勝負を決めるクリティカル・ポイントは価格

提示のチャートだ。まずはここに最大限の関心を払おう」と考えられます。地政学をプレゼンに応用するような極端な例は、かなり激しい誤読に思えるかもしれませんが、抽象化した概念を目の前の課題に落とし込むことで、「書籍のメッセージを活用する」という醍醐味を味わうことができるのです。

　このやり方で、すべてが必ずうまくいくというわけではありません。抽象化を間違えれば、うまくいきません。仮に抽象化がうまくいっても、当てはめるべきではない事象を適用してしまうと失敗します。
　しかし、ここで大切なのは、「読書から得た示唆を放置せずに、活用して楽しんでみる」ということです。過度に論理的にならなくていいので、大きな影響が出ない範囲で具体と抽象を往復してみてください。
　その過程で、「誤読」の楽しさを味わえるはずです。

　察しの早い方は、これらのステップは、読書に限らないと気づかれていると思います。これはひとつの「成長の法則」でもあります。大ヒットした『メモの魔力』（前田裕二著、幻冬舎）という書籍の中で、著者の前田さんは、メモを使いながらこの具体と抽象を往復する方法を紹介していました。急速に成長をする人は、仕事を通じてこの往復運動を必ず実践しているはずです。

　いずれにせよ、読書とは、「著者のメッセージを正しく理解する」だけに留まらない知的刺激にあふれた行為です。
　楽しく誤読して、自分の目の前の世界を変えていきましょう！

Chapter 1.

自己理解を
深めよう

「あなたは自分をどれくらい理解できていますか?」

正面切ってこう聞かれたら、みなさんは何と答えますか。

冷静に考えてみると、自分を理解できているつもりでも、実はわかっていないことのほうが多いかもしれません。よくわからない場面で感情的になったり、よくわからない商品をなぜか衝動買いしたり、「なんであんな意思決定をしてしまったんだろう?」と首をひねるような決断をしていたり……。

考えれば考えるほど、身近である「自分」とはよくわからない存在のような気がします。

しかしこれは、決して「あなた」や「わたし」だけの話ではありません。

古今東西、多くの先人たちがこの課題にぶつかり、そしてその難題に対する答えを導き出してきました。

この章の冒頭で紹介する『insight(インサイト)』(ターシャ・ユーリック著、中竹竜二監訳、樋口武志訳、英治出版)という書籍は、「私とは何か?」という難題を、「自分の見え方」と「他人からの見られ方」という切り口で、考えています。

「ジョハリの窓」という概念がありますが、自分を理解するためには、「他人の視点」も重要で不可欠なポイントなのです。

そして、自己理解を妨げる自分自身の「非合理的な行動」に光を当てて、そのメカニズムを科学的に考察したのが、『ファスト＆スロー』(ダニエル・カーネマン著、村井章子訳、早川書房)です。「意思決定は、直感的でスピーディな判断を行う"システム1"と、ゆっくりと熟考のうえで判断を行う"システム2"の組み合わせで行なわれている」という整理は、自分自身の意思決定を振り

返るときに役に立つ補助線になるでしょう。

　しかし、どれだけ人間の平常時の行動を考えても、歴史を振り替えると、
「なぜあんな非道なことをしてしまうのか？」という疑問は拭いきれません。
『服従の心理』（スタンレー・ミルグラム著、山形浩生訳、河出書房新社）は、人間の闇
の部分に光を当てて、人間の性（さが）を実証的なアプローチから解釈した古典的名
著です。この本は巻末にある翻訳者の山形浩生氏が書いた「あとがき」もぜ
ひ読んでみてください。著者ミルグラムに対して、翻訳者が巻末に壮大な
「ちゃぶ台返し」を試みています。歴史的に有名なミルグラム実験を踏まえ
ても、「人間の本性」の解釈はいろいろ可能性があることを本書は教えてく
れますが、巻末も含めて完成された本です。人間理解の深遠さ、難しさを感
じることができます。

　『群衆心理』（ギュスターヴ・ル・ボン著、櫻井成夫訳、講談社）も、人間の行動の
不可解さをえぐった1冊です。個人レベルでは理性的であっても集団になる
とその理性を失ってしまうのが人間という存在。私たちの一人ひとりが持つ
知性は集団の「凡庸さの圧力」にかき消されてしまうという指摘は深く考え
させられます。

　『21 Lessons』（柴田裕之訳、河出書房新社）は、『サピエンス全史』（柴田裕之訳、
河出書房新社）や『ホモ・デウス』（柴田裕之訳、河出書房新社）を書いたユヴァル・
ノア・ハラリの最新作です。内容は、スケールの大きな人類史から「今」を
見つめたもの。ここで問われるひとつの本質的な問いは、「テクノロジーが発

達するこれからの世界で、私たちの自由意志は確保できるのだろうか」ということです。自分で考え、自分で選んでいるつもりでも、実はその意思決定はテクノロジーによってハックされているかもしれない。ハラリの書籍を読むと、そんな危機意識が芽生えてきます。この時代を生きる私たちの「自己」とは何なのかを問いかける名著です。

　そして本章の最後では、歴史的名著である『利己的な遺伝子』（リチャード・ドーキンス著、日髙敏隆・岸由二・羽田節子・垂水雄二訳、紀伊國屋書店）を紹介します。
　「自己理解」を突き詰めていけば、「遺伝子理解」まで行き着く、少なくともこの本を読めば、自分を理解することの構造的な難しさを改めて実感できると思います。先に紹介したハラリの主張と根底のところで共通するのは、「わたし」を動かす外側からの力に対する意識です。ハラリはその意識をテクノロジーに向けましたが、ドーキンスは遺伝子に向けて考察を深めました。私たちが生きてきた道は、完全に自分で決めたつもりであっても、目には見えない「強烈な横風」を受け続けていたのかもしれません。
　ドーキンスの書籍は、「サイエンス（＝科学）」ですが、その解釈は徐々に哲学的になっていきます。「自己理解とはサイエンスと哲学の往復によって導かれる深い世界なのだ」ということを感じさせる1冊です。

　それでは、「自己理解」に至るサイエンスと哲学の往復を楽しんでください。

№ 1

insight
いまの自分を正しく知り、仕事と人生を劇的に変える自己認識の力

ターシャ・ユーリック[著]　中竹竜二[監訳]　樋口武志[訳]

2019年　英治出版

ひたすらに「自分を理解する」ことにフォーカスした本。
自己認識をするうえで陥りやすいいろいろなワナやそれを乗りこえるテクニックが
紹介されているけど、「自分のことを理解する必要がある」と心の底から認識すること
こそが重要と気づける。結局はこの本にどう向き合うかという問題なのだ！

あっ
ジブン
発見！

"みてみて"

ジブーン

この本の大事なポイント３つ

POINT

1

「自己認識」は
「内的」×「外的」の両方から成る

POINT

2

「自己認識」のためには
７つの柱を理解せよ

POINT

3

「自己認識」の前に
立ち塞がる３つの盲点

Chapter 1. 自己理解を深めよう

18

POINT 1 「自己認識」は「内的」×「外的」の両方から成る

自分

本当の
自分

内的自己認識
のためのポイント！

☑ 決定的な1つの要因を
探そうとしてはならない

☑ 「なぜ」は厳禁

☑ 日記は「事実」と
「感情」をセットで書く

☑ 自分の恐怖や欠点ばかり
「反すう」しない

外的自己認識
のためのポイント！

☑ マム効果（ネガティブな
ことは言ってくれない）を
考慮せよ

☑ 「愛のある批判者」からの
フィードバックを
積極的に求めよう

他者

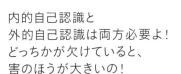

内的自己認識と
外的自己認識は両方必要よ！
どっちかが欠けていると、
害のほうが大きいの！

19

POINT 2 「自己認識」のためには7つの柱を理解せよ

1 価値観

「自分がどう生きたいのか」の指針となる原則。
すべての柱の土台となる

2 情熱

自分が無意識でも勝手にスイッチが入るような行為

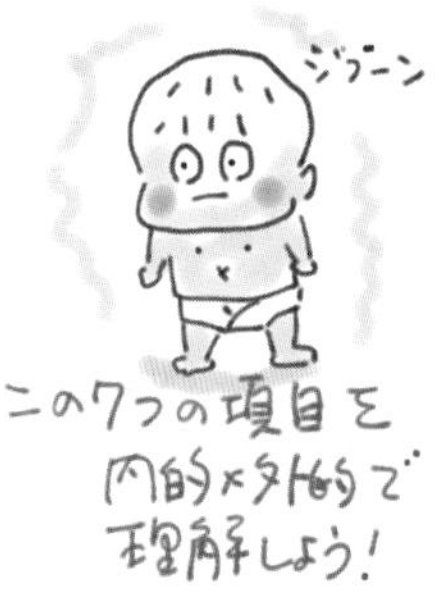

3 願望

自分が何を経験し、何を達成したいか。
世の中に何を残したいか

4 フィット

自分が幸せになり、積極的に力を発揮するのに必要な環境のタイプ

5 パターン

思考や行動や感情の一貫した傾向

6 リアクション

思考、行動、感情の素の反応

7 インパクト

自分の行動が周囲に与える影響

ジブーン
この7つの項目を
内的×外的で
理解しよう!

Chapter 1. 自己理解を深めよう

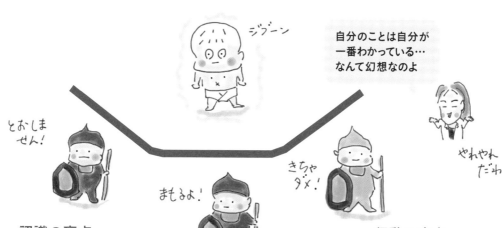

ジブーン

自分のことは自分が
一番わかっている…
なんて幻想なのよ

とおしま
せん！

まもるよ！

きちゃ
ダメ！

やれやれ
だわ

認識の盲点

自分が本当に何を知って
何を知らないのか。
得意なものだと思っている
ことほど客観的に把握する
のは難しい

感情の盲点

感情や直感というのは
直前のイベントや環境によって
容易にコントロールされる。
自分の感情は客観的には
わからない

行動の盲点

自分が何をやっているのか
ということを客観視する
ことは難しい。他者と同じ
視点で自分の行動を
見ることはできない

『そこで、私たち研究チームは一年以上かけて、実際の世の中で「自己認識のできる人」の構成要素を解き明かそうと試み、次のような定義に行き着いた。自己認識とは、自分自身と、他人からどう見られているかを理解しようとする意志とスキルのことだ』

（「第2章」より）

「何でみんなは自分のことをわかってくれないんだろう？」

人生の中でそんな悩みを抱えた機会は何度もあるのではないでしょうか。しかし、実は自分のことをわかっていないのは「みんな」ではなく「自分」なのかもしれません。

「自分のことは自分が一番わかっている」という思い込みが一番怖いし、一番イタい。

この本を読むと、そのことに気づかされます。

そして、この一節にあるとおり、自己認識とは「自分を理解しようとする意志とそのスキル」を指す言葉です。決して「自分を理解している状態」を指すのではありません。

深読みをするならば、「自分」というものは環境の影響を受けて常に変化をし続けている存在であり、永遠に理解しえないもの。だからこそ、絶えず「自分を理解しよう」とする歩みを止めてはダメなのだ、とも読み取れます。

「自分はこういう人間だから」とわかったような口を聞く前に、この言葉を真摯に受け止めて、終わらない自己理解の旅に出かけましょう。

ファスト&スロー（上・下）

あなたの意思は
どのように決まるか？

ダニエル・カーネマン［著］　村井章子［訳］
2014年（原書2011年）　早川書房

心理学者でありノーベル経済学賞を受賞したダニエル・カーネマンの本。
人間が陥りがちなエラーの仕組みを解き明かすとともに、
人間の幸福論まで話を展開している。

3つの
ポイントじゃ！
カーネマンおじさん

この本の大事なポイント3つ

POINT

1

脳内の「2つのシステム」を理解せよ

POINT
2

前提となる「2つの人種」を理解せよ

POINT
3

幸福度を決める「2つの自己」を理解せよ

上下巻、むっちゃ長いし、構造も難解。
でも知的好奇心を刺激されまくる。

上下巻

脳内の「2つのシステム」を理解せよ

システム1くん　　　　　システム2くん

**ある特定の状況では、
必ずエラーを起こす
（ヒューリスティック）**

とっても働き者ですべての
処理をこなそうとする

絶対に休まない

短時間、かつ直観的に
判断する

難しい作業や判断、
計算は無理。
システム2くんにまかせる

**注意深くじっくり
物事を考えられるが、
キャパが限られる**

基本的に怠け者で
省エネ

通常は快適モード

システム1くんが
対処できない難しい
問題のときだけ、
応援にかりだされる

▶ 速い思考（システム1）と、遅い思考（システム2）が脳内で
役割分担をしながら、「考える」という行為をしているのだ！

エコノくん

判断基準が常に
一貫している合理的な存在

自由至上主義(リバタリアニズム)が
前提とする人間の定義

そんなことは82%の確率で
ムリです。

みんな合理的だから、
制度で干渉しちゃダメ

ヒューマンくん

判断基準が時としてブレる。
「必ずしも合理的ではない」存在

気まぐれなシステム1くんと
怠けもののシステム2くんの
影響を受ける

行動経済学が前提とする
人間の定義

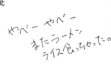

やべーやべー
またラーメン
ライス食っちゃった。

みんな合理的じゃないから、
制度でサポートしてあげよう

▶ **システム1、2の存在をどれだけ考慮するかによって、
前提となる人間像が変わり、制度設計も変わってくる!**

POINT 3 ： 幸福度を決める「2つの自己」を理解せよ

記憶する自己くん

人間は、**短時間であっても
激しい喜び(や苦痛)を記憶し、**
高く(低く)評価する傾向がある

経験する自己くん

実際には**ゆるやかに
長く喜んでいたとしても、**
短時間の強烈な出来事に
かき消されて、
**「本当に経験したこと」は
劣後されてしまう**

▶ 人間の幸福感は、「記憶する自己」に大きく依存する。
　この事実を踏まえて、医療制度設計や政策立案に反映させるべきだ!

Pick
Up
Point

押さえておきたいこの一節

『私たち人間にとって、時間は究極の有限のリソースである。これは重大な事実であるにもかかわらず、記憶する自己はこの現実を無視する。(中略)長時間にわたるおだやかなしあわせよりも、短時間の激しい喜びを好ましいとするバイアスが形成される。また(中略)長時間のゆるやかな苦痛よりも、短時間の激しい苦痛を恐れるバイアスが働く』

(「結論」より)

この本を読むと、いかに人間の認識や記憶がいい加減なものかということに気づかされます。

人間は自分が考えるほど合理的ではないし、ロジカルではありません。

しかし、私たちが自分の人生を考えるとき、その合理的でもロジカルでもない頭を使って、合理的に考えなくてはならないのです。

引用した一節は、そのジレンマを端的に示しているでしょう。

短時間のインパクトが大きなイベントの意思決定を左右し、長時間にわたって続く幸せや苦痛を軽視してしまうというのは、よくあるケースだと思います。

冷静に考えてみると、私たちはキャリア形成において、どれだけ「長時間のゆるやかな苦痛」を許容してきたことか……。長く続くキャリアについて、わずか一瞬の出来事に意思決定を左右されてしまうなんて、これほど非合理なことはありません。しかし、そんな非合理的なことを「合理的な意思決定をした」と自分を納得させ、記憶を書き換えてしまうのも、これまた人間なのです。

残念ながら、人間はこのようにポンコツな認知力しか持っていません。しかし、そうはいってもカーネマンの「時間は究極の有限のリソース」という言葉を頭の片隅に置きながら、ベストを尽くしていくしかないのでしょう(そう言った舌の根が乾かないうちに、すぐ「頭の片隅」の認知も書き換えられるかもしれませんが…)。

No.
3

服従の心理

スタンレー・ミルグラム［著］　山形浩生［訳］

2012年（原書1974年）　河出書房新社

世に有名な「ミルグラム実験（閉ざされた状況下で権威者から指示があったとき、
人はどんな心理状態になるかを調べた実験）」の結果の考察をまとめた歴史的書物。
ある条件下に置けば、人間はどこまでも残酷になれるということを示し、世界に衝撃を与えた。
実験方法や解釈には議論はあるが、未だに起こり続ける人間の残虐行為の背景には、
この「服従」のロジックがあるのだ。

この本の大事なポイント3つ

POINT
1

ミルグラム実験の方法と結果

POINT
2

本来の人格を変えてしまう
「エージェント状態」

POINT
3

エージェント状態になり、
束縛される理由

代理人でーす！

エージェントくん

POINT 1 ミルグラム実験の方法と結果

問い

なんでナチスの
ホロコーストに大勢の
人が加担したんや？

ミルグラムおじさん

ヒトラーは悪いとしても
ひとりじゃ何もでけへんやろ？
なんでみんな「服従」したんやろ？

実験方法

学習者役が間違えたら電気ショック！
間違えるたびに電流を高めていく

科学者役	先生役	学習者役
（サクラ）	（被験者）	（サクラ）

嫌がり悲鳴をあげ、最後は反応すらしなくなる学習者役。
そんな中で、先生役はどこまで科学者役の指示に従って
電流を流し続けるのだろうか？

結果

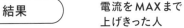

途中で
拒絶した人

電流をMAXまで
上げきった人

35%

65%

「最後まで上げる人なんて1%くらいだ！」
って思ってたんやけど、
3人に2人はやっちまったんやで！

> こうなってしまう背景には、
> **「エージェント（代理人）状態」**
> という心理状況があるんや

エージェント状態とは？

自分自身を権威者の「代理人」
として考えるようになった状態。
この状態になると、
まるで別人格のようになってしまう

┌─────────────────────────┐
│ **エージェント状態の人の特徴** │
└─────────────────────────┘

① 権威者の声だけが大きく聞こえる

② 権威者に従って世界を再定義する

③ 権威者の命令に対する
　責任は感じるが、
　行動の中身には責任を感じない

④ 一旦エージェントになると
　元に戻ることは難しい

権威者

エージェント
（代理人）

エージェント
ほんま
やばいで〜

POINT **3** ┊ エージェント状態になり、束縛される理由

しかし、みんないつでもエージェント化するわけやない。
いくつかの条件があるんや

どうなるとエージェント化するのか？

ミルグラム実験では

1 　権威を持っていることが
　認識できる

イェール大学の実験ね、
そりゃすごいよね

2 　その権威が
　自分と関係がある

お金もらうために自分から
実験に申し込んだんだよね

3 　下す命令が
　権威の枠内である

体罰と学習の実験に
電気ショックはアリだよね

4 　自分を正当化できる
　目的がある

教育効果を高める
ってことはいいことだよね

なぜエージェント状態に
束縛されるのか？

① 一度行動を始めると
　「慣性の法則」が働くから

② 権威に対する
　「義務感」が発生するから

③ 権威が定めたルールから
　逸脱することに対する
　「不安」があるから

ぬけられ
ない〜

エージェント
束縛！

Pick

Up

Point

押さえておきたいこの一節

『個人の道徳観の力は、社会的な神話で思われているほど強いものではない。道徳律の中で「汝、殺すなかれ」といった能書きはずいぶん高い位置を占めるが、人間の心理構造の中では、それに匹敵するほど不動の地位を占めているわけではない』

（「第1章」より）

私たちの道徳感がいかに心許ないかということを考えさせられる一節です。

「人はどうであれ、少なくとも自分はまともな（＝道徳的な）人間である」と多くの人は考えているかも知れません。私もそうです。

しかし、人間は追い詰められれば、いとも簡単に越えてはいけない一線を越えてしまう。本書にあるミルグラム実験を見ると、人間には良いも悪いもなく、ただ弱い存在である、ということに気づかされます。

この章のテーマは、「自己理解」ですが、私たちは自己理解の前に、「生物としての人間理解」を深めなくてはならないとも強く思います。人間として避けがたい本性があり、そしてそれぞれの個性というのはその先に存在する誤差の範囲の違いだけなのかもしれません。

その理解に立つならば、私たちが何かの制度を設計する際も、過度にメンバーの人間性に依存したアプローチをすることは危険なのかもしれません。

どういう性質を持ったメンバーなのかということは一旦置いておいて、「所詮は弱い人間の集まりなのだ」という認識に立った設計のほうが最終的には不幸を招かないのです。

群衆心理

ギュスターヴ・ル・ボン［著］　櫻井成夫［訳］

1993年（原書1895年）　講談社

フランスの学者であるル・ボンが1895年に書いた古典的名著。
フランス革命やナポレオンの出現が本書のベースだが、ここで述べられている「群衆心理」は、
いま至るところで実感することができる。人間は何ひとつ賢くなっていないのだ。
そういう自分こそ「One Of the 群衆」にならぬよう気をつけたい。

ル・ボンくん

この本の大事なポイント3つ

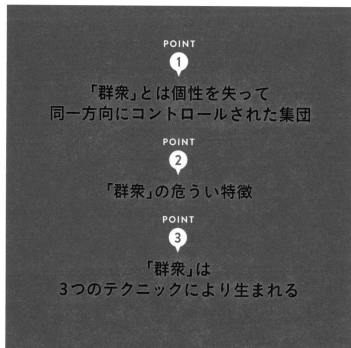

POINT
1

**「群衆」とは個性を失って
同一方向にコントロールされた集団**

POINT
2

「群衆」の危うい特徴

POINT
3

**「群衆」は
3つのテクニックにより生まれる**

POINT 1 「群衆」とは個性を失って同一方向にコントロールされた集団

 我々は「群衆の時代」
にいるのだ！

刺激

（ 個性の喪失 ）　　　（ 感情・観念の同一化 ）

普通にひとりで
いるときとは全く
異なる考え方をする

×

知力も性格も異なるのに
ひとつの「集団的精神」
が生まれる。
知恵は「凡庸さ」に
かき消される

のおおお！

衝動的で
動揺しやすく
興奮しやすい

ハイ！
アイアムア
群衆

暗示を受けやすく
物事を軽々しく
信じる

へー
ほー
そーなんすか！

感情が
誇張的で
単純

ええっ！
ごっつやばい！

犠牲的で
無私無欲の徳性の
高いことも行う
（たまに）

どーぞ
どーぞ
私は最後まで
残リマス

偏狭で横暴で
保守的

まぢで
頭キター！

もはや
野蛮人
だね！

POINT 3 ｜「群衆」は3つのテクニックにより生まれる

群衆の指導者には
テクニックがあるのだ！

1 断言

推論や根拠のない
無条件の断言こそが
影響力を発揮する

2 反復

同じコトバでひたすら
繰り返す。そのうちに
根拠がなくてもそれが
正しいと思われ始める

3 感染

感情や感動などを
あおると、細菌のように
浮遊し、感染が
スタートする

Pick
Up
Point

押さえておきたいこの一節

『それだから、人間は群衆の一員となるという事実だけで、文明の段階を幾つもくだってしまうのである。それは、孤立していたときには、恐らく教養のある人であったろうが、群衆に加わると、本能的な人間、従って野蛮人と化してしまうのだ』

（「第1章」より）

企業において、不正に手を染めてしまう人は少なくありません。しかし、その当事者をよく調べてみると、とても理性的でそのような不正を率先的に行うような人には見えないケースばかりです。

そこには、本書で書かれているような「群衆心理」が作用していると考えるべきでしょう。つまり、個々では教養のある人であっても、企業という「群衆」に加わった瞬間に、凡庸な「野蛮人」となってしまったのです。

組織は大いなる思考停止状態を生み出します。

「みんながやっているんだから問題ないはず」「もし問題があるのであれば誰かが指摘してくれるはず」という心理が働き、個人ではしないような逸脱行為をしてしまうのです。

私たちは組織に所属している以上、常に「見えない組織からの大きな圧力」を受けています。そういった組織の作用を考えるならば、私たちが自分自身を振り返る際、単に「個人としての自分」を省みるだけでなく、「集団にいる自分」も冷静に見つめる必要があることに気づけます。結局、集団圧力の有無に関係なく、何かが起きたときに責任を取るべき存在は、自分でしかないのですから。

21 Lessons
21世紀の人類のための21の思考

ユヴァル・ノア・ハラリ [著]　柴田裕之 [訳]

2019年　河出書房新社

『サピエンス全史』『ホモ・デウス』(以上、河出書房新社)を書いたハラリの最新刊。
過去・未来を読み解いたハラリが本書では「今」を語る。
人間がアルゴリズムに取って代わられるまであとわずかかもしれない。
そんな危機意識を元に「私たち人類は心に目を向けるべき」と語る。
ハラリが意味するところは…?

ハラリくん

この本の大事なポイント3つ

POINT
1

人間はハックされつつある

POINT
2

グローバル化するイシューと
分断化するコミュニティ

POINT
3

心を観察することから始めよう

あれ？
私は
何者？

スマホに行動を
コントロールされる
「生ける屍」

POINT **1** ┊ 人間はハックされつつある

$$b \times c \times d = ahh!$$

biological knowledge　computing power　data　Ability to hack humans

生物学知識	演算能力	データ	人間を ハックする能力

ほっほう

一楽勝っす

うわあ〜
止まらん

ガシーン
ガシーン

脳や身体を動かす
アルゴリズムの
理解が進む

データから瞬時にメ
カニズムを読みとく
能力が高まる

データがあふれ出す

ハックされた
人間の誕生！

いまや世界を一発アウトにする核技術ができ、環境問題により生態系は破壊され、AIやバイオテクノロジーは人間のあり方そのものを変えようとしている。これらの課題はもはや一国だけではどうしようもないのだ

コミュニティはどんどん分析が進む…

しかし、かたや政治は徐々に内向きになっていて、「自国ファースト」のナショナリズムが台頭してきている。これではとてもグローバルイシューには立ち向かえない…

POINT **3** 心を観察することから始めよう

おおお
来んなよ！

待て〜
ハックさせてちょ！

人間がアルゴリズムに
取って代わられるまでの
時間はあと少し…

その前に人間は
「自分が何者なのか？」
ということについて脳と
心の両面から掘り進めて
いく必要がある。
とくに心の研究は
まだまだ深める余地あり！

む−

脳科学はスキャナーや
コンピュータによって
飛躍的に進んでいる

しかし、**心はまだまだ**。
まずは瞑想を通じて
自分の心を客観的に
観察することから始めよう！

45

押さえておきたいこの一節

『多くの科学者を含め、大勢の人が心と脳を混同しがちだが、じつは両者はまったく違う。脳はニューロンとシナプスと生化学物質の物質的なネットワークであるのに対して、心は痛みや快感、怒り、愛といった主観的な経験の流れだ』

（「21-瞑想」より）

「自己理解」とは何を理解することなのでしょうか。

それは最終的には自分の「心」を理解することに至ります。自分は何を嬉しいと思い、何に対して悲しさを覚えるのか。そして何に対して熱狂し、何を成し遂げたいと願っているのか……。

これはすべて、「脳」ではなく「心」の作用です。

脳への理解は進んでいるものの、心への理解はほとんど進展が見られません。脳は生化学物質的なアプローチが可能であるのに対して、心は主観的な認識であるからです。

ではどうしたら自分の心を理解できるのか。ハラリは、「あくまでも自分のケースでは」という前提を置きつつ、ヴィパッサナー瞑想という手法を紹介します。毎日2時間の瞑想を課すことで、自分の心の状態を客観的に見つめているとのこと。

私は、その瞑想を体験したことがないので、その是非を語ることはできません。しかし、その話を聞いて思い当たるのが、忙しいということを表す「忙」という言葉の成り立ちです。「心を亡くす」と書いて、「忙」。立ち止まる時間がないほど忙しい人は、自分の「心の状態」を見失ってしまう、ということです。

「忙しい中で自己認識を深める」ことは語義矛盾かもしれません。私たちが自分のことに対してもっと理解を深めるためには、「まずは余裕が必要だ」ということを本書は改めて感じさせてくれます。

No.
6

利己的な遺伝子

リチャード・ドーキンス［著］　日髙敏隆／岸由二／羽田節子／垂水雄二［訳］
2018年（原書1976年）　紀伊國屋書店

1976年に刊行されて以来、多くの論争を巻き起こしつつも、
歴史の風雪に耐えて未だに読み継がれる名著。
「生物とは、遺伝子が生き残るための単なる乗り物である!」
という強烈なメッセージが投げかけられている。

お前らはみんな
オレの乗り物な！

DNA

ヘイヘーイ！

ヘイヘイ！

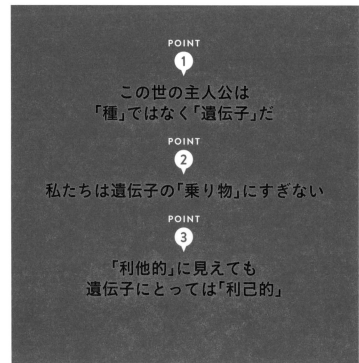

POINT 1 ┊ この世の主人公は「種」ではなく「遺伝子」だ

それまでの見方
"群淘汰"説

 ▶ ▶ ▶

新しい見方
"遺伝子淘汰"説

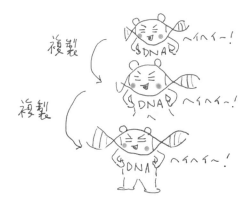

生物は**自分が所属している**
「種」やグループが
淘汰されないための行動を
取っているのでは？

生物は**自らを構成している**
「DNA」が淘汰されないための
行動を取っているのでは？

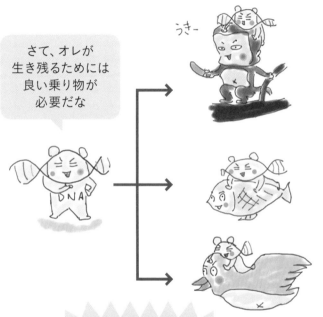

さて、オレが
生き残るためには
良い乗り物が
必要だな

うきー

木の上で遺伝子を維持するために
「サル」という乗り物をつくろう!

水の中で遺伝子を維持するために
「魚」という乗り物をつくろう!

空の上で遺伝子を維持するために
「鳥」という乗り物をつくろう!

生き物というのは、
すべて遺伝子をガードする
ための「生存機械」なのだ

POINT 3 「利他的」に見えても遺伝子にとっては「利己的」

オレが相手だ！

シャー

生物は時として「利他的」のように
見える行動をとる

しかし…

よく見てみると…

それは遺伝子の視点では
極めて「利己的」なのだ

ヘイヘーイ！

ヘイヘーイ！

えーっと、オレの
乗り物の寿命は
残り5年で、
オレの複製は
15年あるから…

DNA

『私たちは、遺伝子という名の利己的な分子をやみくもに保存するべくプログラムされたロボットの乗り物──生存機械なのだ』

（「まえがき」より）

『服従の心理』の解説欄（P.29参照）で、「生物としての人間理解が大事」ということを述べましたが、この書籍は生物以前の「遺伝子レベルの理解」まで遡ることができます。

この書籍で著者のドーキンスは「すべての生物は、遺伝子の乗り物にすぎない」という大胆な主張を展開します。私個人を理解するときに、その主体を個人でも人間でもそして生物でもなく、「遺伝子」という視点で見つめることは、とてもユニークであり知的好奇心を刺激される論理展開です。

この論理展開で私たちが学べることは何か。それは、「なぜなのか？」という探求心を持ち続けることです。ドーキンスがこの遺伝子論にたどり着くまでに、おそらく最低2万回は「なぜなのか？」という問いを重ね、その真理追求の階段を一段ずつ登ったはずです。

私たちが学べるのは、そのドーキンスの姿勢でしょう。

「自分のことなんかわからない」と白旗を上げる前に、2万回とまではいかなくとも、せいぜい3〜4回くらいは自己理解に向けた辛抱強い問いかけをしてもいいのかもしれません。

そして、その階段を上ったところから見える自分の姿は、少し違ったものに見えるはずです。

Chapter 2.

自己を
解放しよう

私は、立場上多くの若手〜中堅ビジネスパーソンと接点があるので、キャリアの相談を受ける機会が少なからずあります。

　そのときにまず「この人は自己を解放できているか?」という点を確認するようにしています。なぜなら、自分のキャリアを相談しながらも、常に自分以外の「誰か」の視点を気にして、まるで「他人の人生を生きている」ような人が少なくないからです。

　したがって、そのようなケースでは具体的なキャリアの話に入る前に、自分が囚われている「誰か」の存在を明らかにし、そして「その他人は自分の人生の責任者ではない」「あなたは何者でもなくあなたで良い」ということを明確にすることを心がけています。

　本章では、そのようなケースを念頭に置きながら、「自己の解放」をテーマに書籍を選びました。

　まず『嫌われる勇気』(岸見一郎、古賀史健著、ダイヤモンド社)では、「課題の分離」が大きなキーワードになります。

　"自分の問題と他人の問題は分離して考えよう"ということです。冒頭にあるようなキャリアの悩みの大半は、他人の課題にまで踏み込んで悩んでしまっているパターンがよく見られます。「自分がこんな選択をしたら上司はどうなるだろうか。上司の顔に泥をぬることにならないだろうか…」。そんな悩みも少なからずあるかもしれませんが、それは完全に「上司の課題」です。もちろん上司を悩ませることになるかもしれませんが、悩ませないかもしれない。それぞれの人生なので、人の課題まで考えてこちらが悩む必要はないのです。それよりも、自分自身が考えるべきことにフォーカスして、「優先順位をつけ

て問題を解決すべき」ということを教えてくれます。

『死ぬ瞬間の５つの後悔』（ブロニー・ウェア著、仁木めぐみ訳、新潮社）は、『嫌われる勇気』の延長で読むとつながりがよくわかります。

死ぬ間際の「自分に正直に生きればよかった」という言葉はとてつもなく重たいです。私はその間際に「自分の人生、やりたいことをやりきった」と清々しく言って笑っていられるだろうか…。この本に書かれた数々のエピソードを読むと、自分こそが自分の人生の責任者であり、自己を解放していくことは人生の最大の義務であり権利であることに気づかされます。

『７つの習慣』（スティーブン・R・コヴィー著、フランクリン・コヴィー・ジャパン訳、キングベアー出版＜FCEパブリッシング＞）のメッセージは多岐にわたりますが、注目すべきは「第1の習慣」の「主体的である」というもの。"周囲の環境に自分の人生の主導権を渡すべからず"という原則は、『嫌われる勇気』や『死ぬ瞬間の５つの後悔』のメッセージと同じであり、突き詰めれば「自己の解放」につながります。重要なのは、これが「第1の」習慣であるということ。『７つの習慣』は、第1から始まり、習慣が積み重なっていく構造になっています。つまり、第1の習慣ができなければ第2の習慣はありえません。それくらいこの習慣は重要なのです。

『THE CULTURE CODE 最強チームをつくる方法』（ダニエル・コイル著、楠木建監訳、桜田直美訳、かんき出版）では、自分の弱さを開示することが個人でも、組織づくりでも重要であることを教えてくれます。平均水準の似通った人たち

が集まる組織より、凸凹があっても個々が自分らしさを正しく認識し、自分らしさを最大限に発揮している組織のほうが中長期的には強いはずなのです。

　そして、この章の最後には『反脆弱性』（ナシーム・ニコラス・タレブ著、望月衛監訳、千葉敏生訳、ダイヤモンド社）が入ります。「自己の解放」という文脈にこの書籍があることに違和感を覚える人も少なくないでしょう。しかし、この書籍の本質的な部分は、この章のメッセージとの関連性が高いのです。
　それは、「完璧からの脱却」という思想にあります。人間の予測には限界があり、完璧ということはあり得ません。しかし、それにもかかわらず「完璧であるべき」という思考に囚われるから、脆いシステムが生まれてしまう…。そういったメッセージが込められています。これは、「自分の弱さを正しく認めよう」「弱さを認めることは力になる」という点において、この章の文脈と整合するのです。

　「自分を解放し、自分の人生を生きよう」というメッセージは、多くの先人たちが語り尽くしたものであり、もはや手垢のついた言葉ではあります。しかし、それでもなお多くの書籍で語られ続けるのは、それが人生の主題であり、そしてそれと同時に難易度が高いチャレンジだからに他なりません。
　本章の一連の書籍を読み、自分を少しずつ解放していきましょう。

嫌われる勇気
自己啓発の源流「アドラー」の教え

岸見一郎／古賀史健 [著]

2013年　ダイヤモンド社

人生に大きな悩みを抱える青年が哲人との対話を経て、
気づきを得ていくストーリー。ベースにあるのは、心理学界の三大巨匠の
ひとりといわれるアドラーの心理学。青年の主張に共感できることが多く、
そのため、気づくと本に没入してしまう。

POINT
1

原因論ではなく、
目的論で考えよう

POINT
2

対人問題解決のために
課題の分離をしよう

POINT
3

人間関係を「タテ」ではなく、
「ヨコ」で捉えよう

哲人 vs 青年

POINT **1** 原因論ではなく、目的論で考えよう

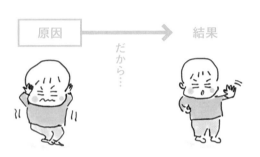

原因 → 結果

だから…

つらい経験をした　　　新しいチャレンジは
　　　　　　　　　　　やらない

原因論

現在の行動をすべて過去の「原因」
に帰着させる思考。過去にしば
られてしまう

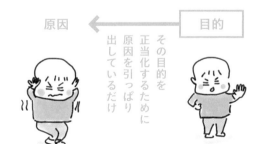

原因 ← 目的

その目的を正当化するために原因を引っぱり出しているだけ

つらい経験をした　　　新しいチャレンジは
　　　　　　　　　　　やらない

目的論

現在の「目的」がすべて。過去の
原因を持ち出すのは、それが今の
目的に都合が良いため。人生は
今の目的次第

POINT **2** 対人問題解決のために課題の分離をしよう

そんなことを悩んでもダメじゃ！
認めないのは上司の問題。
君の問題ではない。
君は「自分の信じる最善の道」
を選べば良い。
その先の他人の評価は、
"知ったことか！"

→ 他者は他者。
嫌われる勇気を持って他者から自由になろう！

POINT 3 人間関係を「タテ」ではなく、「ヨコ」で捉えよう

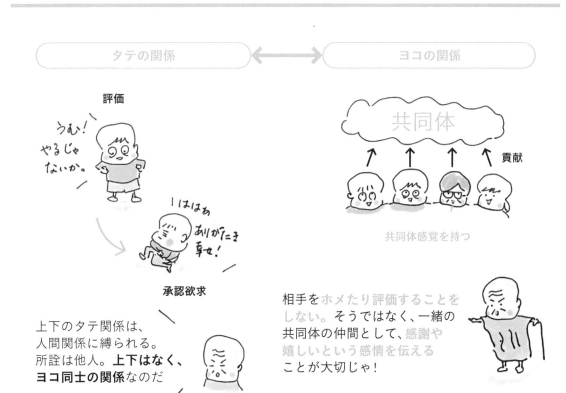

タテの関係　◀▶　ヨコの関係

評価

うむ！やるじゃないか。

ははは ありがたき 幸せ！

承認欲求

共同体

貢献

共同体感覚を持つ

上下のタテ関係は、人間関係に縛られる。所詮は他人。**上下はなく、ヨコ同士の関係**なのだ

相手をホメたり評価することをしない。そうではなく、一緒の共同体の仲間として、感謝や嬉しいという感情を伝えることが大切じゃ！

『あなたは大きな勘違いをしている。いいですか、われわれは「他者の期待を満たすために生きているのではない」のです』

（「第三夜」より）

「こんなに頑張っているのに上司が自分を全然認めてくれない…」

という不満を抱いたことはないでしょうか。私も若かりし頃、常にそういう鬱憤を抱えていた時期がありました。

その頃は、上司が自分を評価してくれればハッピーであることはもちろんのこと、上司の機嫌がよければ自分の機嫌もよくなるし、上司が不機嫌であれば自分もどこか憂鬱な気分になる…という状況でした。振り返ってみれば、あの頃は自分の達成感も、そして自分の感情も上司にコントロールをされ、自己が不在だったような気がします。言うなれば、「上司の人生を生きていた」のです。

自分のキャリアを振り返るとき、この時期は「失われた数年間」と位置づけています。もちろん外形的にはそれなりの実績を残しましたが、世の中のために何かを残そうという自分の内発的なモチベーションではなく、「上司に認められたい」という虚しい動機であったため、全く手応えがありませんでした。

やがてその間違いに気づき、徐々に自己を解放する術を理解していきましたが、この「他人の人生の沼」から抜け出すことは一苦労でした。

この一節には、その誤りを強烈に気づかせてくれる力があります。

私たちの人生は他者のものではありません。自己を解放し、自分の人生を生きましょう。

死ぬ瞬間の
5つの後悔

ブロニー・ウェア[著]　仁木めぐみ[訳]

2012年　新潮社

人生の中で今日が一番若い日じゃい

ホッホッ

緩和ケアの介護を務めた著者が、死期迫る人々の「後悔」の言葉を
まとめたエッセイ。人生は今からでもまだ変えることができる。
遅いなんてことはない、という勇気をくれる1冊。

POINT

1

仕事に逃げずに
自分に正直な人生を送ろう

POINT

2

時間があるうちに
大切なことをやっておこう

POINT

3

自分の幸せに責任を持とう

人生に悔いなし！

POINT **1** ⋮ 仕事に逃げずに自分に正直な人生を送ろう

後悔1

自分に正直な人生を
生きればよかった…

グレース

後悔2

働きすぎなければ
よかった…

ジョン

私は誰かを傷つけたくなかった
だけなの…。そして、**自分のために
何かをするという勇気**がなかった。
気づいたときには遅すぎたのよ…。
人間は周囲の影響を受けやすい
生き物よ。**自ら選択しようという
意識**がなければ流されちゃうの

仕事が好き、というより、仕事の
おかげで高い地位にいられることが
好きだった…。ある意味、**地位が
自分の価値を決める**と思っとったよ。
なぜ、我々は物質的な成功で、自分の
価値を測ろうとするんじゃろうか…

65

後悔3

ジュード

思い切って自分の気持ちを
伝えればよかった

後悔4

ハリー

友人と連絡を
取り続ければよかった

あぁぁ…

あいつらは
今どこに…

本当は愛している人に感謝の気持ちを
ちゃんと伝えるべきよ。もう遅いって
なる前に。相手がこの率直な言葉を
受け止めてくれなくても構わないの。
伝えたってことが大事。 その時間は
いつまでもあるって思っちゃダメよ

なんとか時間を調整して友だちと会う
時間を頻繁に作らなくてはダメじゃよ。
人には友だちが必要なんじゃ。
友だちにただ連絡を取ればいいって
もんじゃない。大事なのは
「友だちという楽しみ」 を味わうことじゃ

POINT 3 自分の幸せに責任を持とう

ローズマリー

後悔 5

幸せをあきらめ
なければよかった

アドバイス

人生は自分のもの。
ほかの誰のものでもない

ブロニー（わたし）

他人の意見に引きずられて
幸せになることをあきらめてしまったわ…。
そんなの本当の自分じゃないの。
こういう自分になりたいって
思っていいのよ。**幸せは他人が決める
のではなくて、自分次第**。自分が
幸せになりたいって思うことが大事なの

人生は自分のものであり
ほかの誰のものでもないわ。
**自分の幸せに責任を持つことが
大切な出発点よ**。自分の望みの
いくつかを尊重する勇気を
持てばいいの。すべては
自分次第なのよ

『自分に正直な人生を送らなかったことというのが、ベッドの脇に座って聞いた一番多い後悔であり、教訓だ。これは気づいたときにはもうどうにもできないので、他の後悔よりも怒りが激しい』

（「後悔一」より）

この本には5つの後悔が書かれていますが、最大にして最多の後悔が、本書の最初の章にある「自分に正直な人生を生きればよかった」というものです。なぜこれが最も多くの人が口にする後悔なのか。それは言うまでもなく、「自分に正直な人生を生きる」ということがとてつもなく難しいことだからです。

組織に属する以上、我を通すことはできないということは、幼少期の頃から学習します。「ルールに従え」「先生の言うことを聞け」「友だちが嫌がることをするな」…。こうして、本来は「正直者」として生を授かった私たちは、正直さを徐々に忘れていくのです。

もちろん、ここでいう「正直な人生」とは、幼児のように勝手気ままに振舞うことではありません。ここでの正直さの本質は、物事を考える「順序」を変えることです。

つまり、他人の視点から考えるのではなく、他人から自己を解放し、自分がどうしたいかを考える。そして次に、それを実現するために、他人とどう折り合いをつけるかを考えるべきなのです。

「まず他人の視点から考えてしまう」というように、「踏み出す順序」を間違えたまま時を過ごしてしまうと、この本にあるような「取り返しのつかない後悔」に向き合うことになる可能性があります。

そして、これは他人事のストーリーではありません。まさに「今」、私たちに問われている問いでもあるのです。

「私は今やってみたいことは何なのだろうか？」

改めて、このタイミングで自分に問い返してみてください。

完訳 7つの習慣
人格主義の回復

スティーブン・R・コヴィー [著]　フランクリン・コヴィー・ジャパン株式会社 [訳]
2013年（完訳版発売）　キングベアー出版（FCEパブリッシング）

たいていの自己啓発書のエッセンスは、
この本に網羅されているのではないかと思うほど、多くの要素がつまった1冊。
それだけに書かれてることは大体「あー知ってる」ということだけど
「できています!」とは大きく違う。

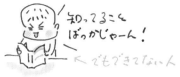

知ってることばっかじゃーん!

← でもできてないん

POINT

1

「私的成功」のための3つの習慣

POINT

2

「公的成功」のための3つの習慣

POINT

3

「再新再生」のための最後の習慣

Chapter 2. 自己を解放しよう

70

「私的成功」のための3つの習慣

第1の習慣

主体的である

刺激　選択　反応

刺激から反応の間に
選択の自由を持とう!

コントロールできること
に集中しよう!

第2の習慣

終わりを思い描く
ことから始める

自分自身の内面を
深く見つめ、生活の中心に
不変的な原理を置こう!
そのために
ミッションステートメントを
書いてみよう!

第3の習慣

最優先事項を優先する

	緊急	緊急でない
重要	第1領域	**第2領域**
重要でない	第3領域	第4領域

第2領域
に集中して…

立場	目標	スケジュール
夫・父	〜	〜
友人	〜	〜
上司	〜	〜

週単位で
スケジュール
におとしこむ!

POINT 2 「公的成功」のための3つの習慣

第4の習慣

win-winを考える

win-winを
成立させるためには……

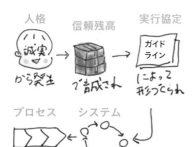

第5の習慣

まず理解に徹し、
そして理解される

① ムシする　② 聞いてる
　　　　　　　　フリをする

③ 選択的に聞く　④ 注意深く聞く

⑤ 感情移入して聞く

第6の習慣

シナジーを創り出す

「2人の人が同じ意見を
持っていたとしたら、
そのうち1人は余分である」

違いを認めて
「第3の案」を

第7の習慣 刃を研ぐ

4つの要素をバランスよく磨き上げるのだ！

☑ バランスの取れた食事
☑ 十分な休養
☑ 定期的な運動

☑ 読書
☑ 執筆
☑ スケジュール立案

肉体

知性　　社会・情緒

精神

☑ 奉仕活動
☑ 他者への貢献
☑ 他人への愛

☑ 瞑想・内省
☑ ミッション
　ステートメントに
　向き合う

Pick
Up
Point

押さえておきたいこの一節

『人間の本来の姿は主体的な
ものである。だから、意識的
な選択にせよ、無意識的な選
択にせよ、もし自分の人生が
今までの条件づけや周りの状
況にコントロールされている
のであれば、それは、そうし
たものに主導権を譲った結果
にほかならない』

（「第一の習慣」より）

『7つの習慣』の第1の習慣は、「主体性を発揮する」というもの。つまり、人生を他人や環境の影響下に置くのではなく、自分で主導権を持つ、ということです。

理不尽なまでに抑圧的な環境にいれば、人間誰しも「もはやどうしようもない」という心境に陥ることになるでしょう。しかし、たとえそういう環境に置かれたとしても、「自分の人生は自分が決めるのだ」という固い意志を持つべきであるし、持てるのだ、という力強いメッセージです。

名著『夜と霧』にもある通り、どれだけ支配的な環境ににいたとしても、その環境を「どう認識するか」、という物の見方までは支配できないのです。

私も今までの人生において、何度か抑圧的な環境に身を置いたことがありましたが、そのときに必ず自分にリマインドするのはこの第1の習慣です。「仕方ない」「やむを得ない」という言葉は厳禁。ギリギリの場面であっても人生の選択権は自分にあるし、その選択結果の責任は自分にある。そんなメッセージを言い聞かせ、前進してきました。そういう意味では、私自身は何度もこの「第1の習慣」に助けられてきたとも言えるでしょう。

私たちは、生きていく限りこれからもいろいろな苦難に直面することになるでしょう。そんな場面で自分の人生の主導権を手放してしまっては、それ以外のどんな高邁な教訓も役に立ちません。

「第1の習慣」は、まさに「第1」のスターティングポイントなのです。

THE CULTURE CODE 最強チームを つくる方法

ダニエル・コイル[著]　楠木建[監訳]　桜田直美[訳]
2018年　かんき出版

強い組織をつくるためには何が必要か？　そこには強いリーダーは必要とされない。
むしろ普通の人たちがつくる何気ない「シグナル」の積み重ねが重要なのだ！
良いチームをつくることは凡人の自分たちにもできるかも？
そういう気にさせてくれる新たな組織論・リーダー論。

3つの
ポイント!

この本の大事なポイント 3 つ

POINT
1

「安全な環境」をつくろう

POINT
2

「弱さを共有」しよう

POINT
3

「共通の目的」を持とう

マタ
キタヨー

空気くん
「空気の研究」以来。

POINT 1 「安全な環境」をつくろう

3つの「帰属のシグナル」

1 エネルギー

メンバーとの交流を
通じて、エネルギーを
生み出している

・**アイコンタクトがさかん**
・**会話が双方向**
・**雑談が多い**
・**物理的な距離が近い**

メンバーを
独自の存在と
認め、尊重して
いる

関係はこの先も続く
というシグナルを
出している

あなたは
ここにいて
いいのよ～

2 個別化 **3 未来志向**

・**個性を認める**
・**化学反応を期待する**

・**先の世界を一緒に考える**

心理的
安全性

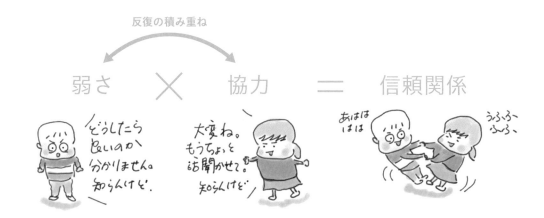

弱さを見せるのは筋トレと同じ。
時間がかかり、くり返しが
必要で痛みを伴う

安易な提案はしない。
まずは話を聞いてから！

▶ まずはリーダーが弱さを見せる。
　そして即座に他者が協力のシグナルを出す。
　このくり返しが信頼関係を生むのだ

POINT 3 ： 「共通の目的」を持とう

目的意識の高い環境つくりのために大切な要素！

| 価値の優先順位 | × | 簡単な標語 | × | 日常的な刷り込み | = | **目的意識の高い環境** |

1. 仲間
2. コ客
3. 取引先

ハグしてもらうためには
まずハグをせよ！

どや。

ダメダメ

お前 それ ハグってねーよ！

みんなで あっち 目指そう！

オーッ

ハハハ また 呼んだ…

← 空気くん

これらのくり返しによって、
目的そのものが空気のような
存在になるんだ

Pick
Up
Point

押さえておきたいこの一節

『私たちは本能的に、弱さは隠さなければならないと思っているからだ。しかし科学は、むしろ正反対のことを言っている。協力関係を築きたかったら、弱さはリスクではなく、むしろなくてはならない要素だ』

（「第8章」より）

自己を解放していく際に、避けて通れないことがあります。それは「弱さを素直に認める」という行為です。

人は誰でも不安を持っています。だからこそ、その不安を隠すために、強くあろうと努力し、弱さはできるだけ隠そうとします。そして自分の立場が上がれば上がるほど、「そんなこともわからないのですか？」という突っ込みが怖くて、強がってしまう。私自身、今までの人生で散々弱さを隠し、強がってきました。「リーダーだから…」「教員だから…」そんな言葉に囚われていた時期もありました。

そんな私がどうしたら弱さを認められるようになったのか。そこには2つの変化がありました。1つは何かにおいて絶対的な強みを獲得したと自覚できるようになったこと。そしてもう1つは自分のプライド以上に成し遂げたいことが大きくなったことです。そう思えた瞬間、強さとか弱さとか関係なく、等身大の自分で潔く開き直って、協力を求めるようになりました。

「私はこれだけのできないこと、わからないことがあるので助けてほしい」と心から言えたこのときが、リーダーとしての階段を登った瞬間だったと思います。

この書籍の一節では、弱さは協力関係を構築していく上で「なくてはならない要素」とまで言い切っています。その背景は、完璧なリーダーの下にはフォロワーシップが育ちにくいからです。ある部分では強みがあるけど、それ以外は弱い、というリーダーだからこそ、「貢献感」が醸成されるのです。

私たちは、完璧ではありません。完璧であろうと振舞う必要もありません。弱さは大きな武器になるのです。

反脆弱性（上・下）
不確実な世界を生き延びる唯一の考え方

ナシーム・ニコラス・タレブ［著］　望月衛［監訳］　千葉敏生［訳］
2017年　ダイヤモンド社

ベストセラー『ブラック・スワン』を書いた
タレブの2013年の作品(原書)。上下巻というボリュームかつ、
わかりにくいタイトルながら、やはり学びにあふれています。
「絶対ない」は、絶対ないんです。

はんぜいじゃくせい

この本の大事なポイント3つ

POINT
1

世の中のものは
3つにカテゴリー分けできる

POINT
2

「ミクロレベルの脆さ」が
全体の反脆弱性をつくる

POINT
3

脆弱性を決定する「非線型」の向き

POINT 1　世の中のものは3つにカテゴリー分けできる

脆弱くん

衝撃を受けることは
稀だが、一度受ける
と巨大な影響をもら
い、元に戻ることがで
きます。ダウンサイド
リスクが大きい

▶ 統一化した
　「規制」でしばられた
　システム

頑健くん

衝撃に対してビクとも
しない。一度受けて
も回復して元に戻る
ことができる

▶「原則」により
　運用されるシステム

反脆弱くん

小さな衝撃を常に受
け続け、その度にむし
ろ強くなる。アップサ
イドの利益が大きい

▶「美徳」を通じて
　学習されアップデート
　されるシステム

脆弱なシステム	反脆弱なシステム
入念な予測	大まかな予測
×	×
精緻な計画	柔軟な計画（予測ミス損失の最小化）
×	×
要素同士の相互依存性	独立した要素群
×	×
失敗がないようなコントロール	各所での小さな失敗(ノイズ)の発生
‖	‖
# 脆弱！	# 反脆弱！

ミクロレベルでは
脆いんだ！
↙

ガタガタ

何かあったら大変だから
とにかく予測して
コントロールするんだよ。
人の力で安定を
つくり出すのさ…

で、でも 怖くて仕方ない...

まあ将来のことなんて
わからないからさ。
みんな好き勝手に色々
やって痛い目にあって、
トータルとして成長して
いきゃいいんだよ！

POINT 3 脆弱性を決定する「非線型」の向き

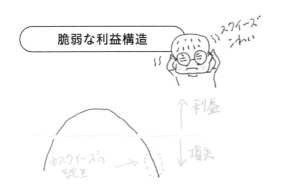

脆弱な利益構造

反脆弱な利益構造

利益は限定的だが、有事の損失は測定不能というモデル。過度に効率化・最適化されていると、「想定外」のことが起きたときに「**スクイーズ**」(他に選択肢がないために生じる殺到)が起こり、利益は一瞬で飛ぶ

損失は限定的かつ測定可能だが、利益は未知数というモデル。大きな変動は利益につながるので、変化を好む

『脆いものは平穏を求め、反脆いものは無秩序を成長の糧にし、頑健なものは何事にもあんまり動じない』

（「プロローグ」より）

『反脆弱性（上・下）』では、完璧を求めれば求めるほど、脆弱になっていくビジネスの姿が描かれます。なぜ脆弱になるのか。それは、できもしないことを強く求められると、ウソが生まれ、やがて隠蔽が生まれるからです。

この世の中、すべてを予測することは不可能です。「完璧」ということはあり得ません。そんな中で「お前、本当に大丈夫なんだな？ 100％完璧なんだな？」ということを強く求められれば、完璧を装ってしまうこともあるでしょう。これがビジネスにおける大きなリスクになるのです。どんな些細なことであっても完璧はないし、絶対大丈夫ということもありません。だからこそ、「100％はあり得ない」を前提に、世の中のランダム性を受け入れ、学習していくしかないのです。

そして、さらに怖いのは「完璧もどきが相互に依存すること」です。完璧でないにもかかわらず「完璧」を装っている人たちが、相互に依存すると、そのリスクは掛け算的に大きくなります。ドミノが1枚倒れるだけであれば大きなエネルギーは発生しませんが、それが100枚にわたる依存状態であれば、1枚倒れるリスクはとてつもなく巨大です。そのリスクをわかっているからこそ、1枚目のドミノが倒れることは「絶対にない」と言い張ってしまう。表向きは「完璧」なはずなのに、裏を返せば超脆弱な仕組み。身に覚えはありませんか？ だからこそ、完璧さを諦め、素直に弱さを認めなくてはならないのです。「弱さを認めることは武器になる」と、『THE CULTURE CODE』で書きましたが、この『反脆弱性』を読めば、「弱さを認めないことは巨大なリスクである」と認識できるはずです。

Chapter 3.

他人を
リスペクトし、
愛を与えよう

本章では、「愛」をテーマに他者との関係のあり方を考察していきます。

　経営の文脈において、「ダイバーシティ（多様性）」という言葉が語られるようになりました。ダイバーシティの役割は、組織の中に異なる血を入れることを通じて、「遠心力」を働かせることです。しかし遠心力を働かせようとすればするほど、組織はバラバラになってしまいます。そこで、その対立概念である「求心力」の重要性が高まります。では組織における求心力とは、何でしょうか。その核心は、「一人ひとりが他者のありのままの姿を敬う気持ち」です。リスペクトや愛という概念がないまま、形式だけのダイバーシティを導入した組織には、やがて「自分勝手」がはびこり、必ず崩壊します。

　しかし、他者を愛するという行為は言うほど簡単ではありません。

　本章で最初に紹介する『幸せになる勇気』（岸見一郎、古賀史健著、ダイヤモンド社）では、人を愛するために必要な「自立」という概念を理解することができます。「他者から愛されないと、誰かを愛することができない人」と、「自分から自立的に他者を愛することができる人」の間には大きな川が流れています。この「川」を渡ることができれば、人間は大きく変わっていくことを認識できます。

　そして、『愛するということ』（エーリッヒ・フロム著、鈴木晶訳、紀伊國屋書店）では、愛にあふれた人の行動原理を理解することができます。

　「見返りを求めない他者貢献を通じて、人は幸せになれる」。この言葉だけを捉えると偽善的に聞こえるかもしれませんが、実際にそういう人に接していると、極めて自然に、当たり前のように振舞っていることに気づきます。

同書には、「愛は技術である」という一節があります。私たちは、今こそ愛することを学び、そしてその技術を体得する必要があるのです。

　世界的ベストセラーの『人を動かす』（デール・カーネギー著、山口博訳、創元社）は、人間関係構築のための多くの実践的知恵を授けてくれる本です。本書では特に「他者への関心」というメッセージにフォーカスしました。
　人を愛することの根源には、他者への好奇心が根底にあるはずです。他者を知ろうとすることと同時に、どれだけ他者を知っても知った気にならないこと。この絶妙バランスが好奇心を形作るのです。

　さて本章は、この1冊から徐々に「愛」の範囲をより広げていきます。
『大衆の反逆』（オルテガ・イ・ガセット著、神吉敬三訳、筑摩書房）では、考えの異なる他者との共生・共存の重要性が語られています。表面的な違いを元に他者を排除するのは簡単。しかし、それでは世界が狭くなり、衝突は増えるばかりです。社会の大衆化を防ぐためには、他者を理解し、「私たち」の範囲をいかに広げられるかにかかっています。

　そして、偏狭化する世界を目の当たりにしたエーリッヒ・フロムが、その大衆化する社会のメカニズムとソリューションを考察して執筆した本が『自由からの逃走』（エーリッヒ・フロム著、日高六郎訳、東京創元社）です。ファシズム社会のリアリティを体感したフロムは、社会がファシズムから抜け出すためには「愛」が必要だと説きます。今の時代でも色褪せない「恐怖と愛」の普遍的な関係性を理解することができます。

『これからの「正義」の話をしよう』（マイケル・サンデル著、鬼澤忍訳、早川書房）では、「愛」を形成する対話の重要性を理解できます。

　社会でダイバーシティが推進していくと、社会の複雑性が高まり、運営の難易度が高まります。コストもかかれば時間もかかります。サンデル教授の哲学講義を紹介したNHK「ハーバード白熱教室」をご覧になった方は、壇上に立つ彼の姿を思い出してみてください。「プレゼンテーションで説明して終わり」という簡潔なスタイルではありません。あえて対立する意見を戦わせ、論点を明確にし、そしてどうすべきか考えるために、再び考えを促していく。サンデル教授が言いたいことは何だったのだろうかとモヤモヤしながらも考え続ける…。これは大きな回り道のように感じもしますが、社会が複雑化するということは、相互理解のためにこのような「対話」にコストや時間をかけていく覚悟が求められるのです。

　そして、本章の最後には**『マッキンダーの地政学』**（ハルフォード・ジョン・マッキンダー、曽村保信訳、原書房）を選びました。「え、地政学と愛？」と思う方もいると思いますが、同書を読むとその意図がわかると思います。「結局は愛に行き着く」と言ってしまうと薄っぺらい話のようですが、マッキンダーのメッセージの行間を読み取ると、地政学から愛へと至る道にたどり着くことができます。

　さて、前半では愛そのものの理解を深めつつ、後半では壮大なテーマから愛を考える書籍を選びました。多様な本を通じて考えを深めてみてください。

№.
12

幸せになる勇気
自己啓発の源流「アドラー」の教えII

岸見一郎／古賀史健 [著]

2016年　ダイヤモンド社

『嫌われる勇気』の続編。今回も青年は暴れまくり、
哲人はそれを受けとめまくる。今回の最大のテーマはズバリ「愛」。
エーリッヒ・フロムの引用も多く、フロムファンは必読。
結局問われているのは過去ではなく、
「これからどうするのか」ということなのだ。

私たちに
過去は
ないのだ！

この本の大事なポイント3つ

POINT
1

仕事・交友・愛のタスクに
向き合うことが幸せにつながる

POINT
2

交友の本質は
自分から相手をリスペクトすることだ

POINT
3

人を「愛する」ことによって、
人は自立できる

POINT **1** 仕事・交友・愛のタスクに向き合うことが幸せにつながる

仕事のタスク	交友のタスク	愛のタスク

人間関係のベース

他者を条件つきで
信じる「信用」がベース

他者を無条件で信じる
「信頼（＝尊敬）」がベース

他者を愛するという
「決意」「決断」が
ベース

行為の目的

「わたし」の幸せの追求
▶ 利己

「あなた」の幸せの追求
▶ 利他

「わたしたち」
そして「共同体全体」の
幸せの追求

人間は幸せになるために
これら3つのタスクから逃げては
ならないのだ！

STEP 0
まず自分自身が
自分のあるがままを
認める

STEP 1
まず先に自分から相手を
リスペクトする（＝相手をそのまま
認める）。自分の価値観で
ジャッジしない

STEP 2
ひょっとしたら相手からも
自分に対してリスペクトが
返ってくるかも。
でも、返ってくるかどうかは
「自分の課題」ではない

交友関係へ！

そもそも自分を自分で
認められない人に、
真の交友関係は築けない！

ギブアンドテイクではない！
単にギブなのだ！

POINT 3 ｜ 人を「愛する」ことによって、人は自立できる

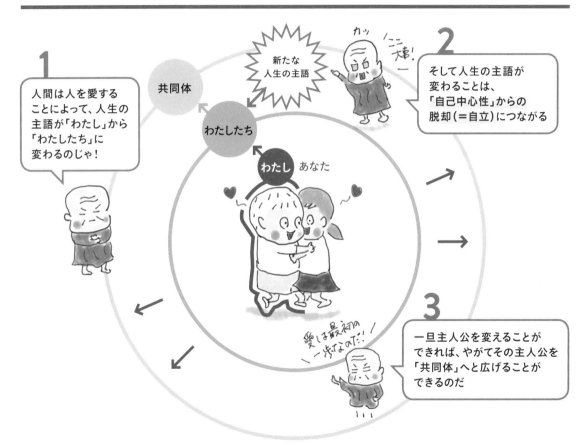

1 人間は人を愛することによって、人生の主語が「わたし」から「わたしたち」に変わるのじゃ！

2 そして人生の主語が変わることは、「自己中心性」からの脱却（＝自立）につながる

3 一旦主人公を変えることができれば、やがてその主人公を「共同体」へと広げることができるのだ

新たな人生の主語

共同体

わたしたち

わたし あなた

Pick
Up
Point

押さえておきたいこの一節

『あなたは承認欲求に搦めとられている。どうすれば他者から愛されるのか、どうすれば他者から認められるのかばかりを考えて生きている。自分で選んだはずの教育者という道さえ、もしかすると「他者から認められること」を目的とした、「他者の望むわたし」の人生かもしれないのです』

（「第五部」より）

現代で、承認欲求と戦うことは極めて難しいものがあります。上司からの評価、360度評価制度などの社内制度はもちろんのこと、SNS上での「いいね」数、視聴者数、レビューコメントに至るまで、私たちは無数の承認システムに囲まれて生きています。そして、気づけば「他人から評価されること」が人生の目的となってしまう人も多いでしょう。

この「承認を与えてもらうモード」から、「他者に愛を与えるモード」にギアチェンジできるか。やや大袈裟な表現ですが、ここが成長の大きなターニングポイントになるはずです。なぜなら、このギアチェンジこそが、「依存状態」を「自立」へとつなげるからです。

自分から先に相手を承認し、そして見返りなく愛を与える行為は、常に「自分が傷つくかもしれない」という恐怖と隣り合わせです。しかし、その「自己中心的な恐怖」を乗り越えれば、「私」だけの世界から、「私とあなた」に世界が広がっていくのです。

この書籍には「愛はわたしからの解放である」という表現があります。この言葉の意味するところは、他者を愛することで人間は初めて自己中心的な世界から抜け出すことができる、ということなのです。

私たちは「SNSでいいねが足りない」とか「上司が自分をちゃんと見てくれない」なんてことを嘆いている間は、自立できていない依存状態であり、自己中心的であるということなのです。その土俵での戦いはさっさと卒業して、もっと多くの他者に愛を与え、その視界を広げていくべきなのでしょう。

NO.
13

愛するということ

エーリッヒ・フロム [著]　鈴木晶 [訳]
1991年（原書1956年）　紀伊國屋書店

エーリッヒ・フロムが1956年に書いた大ベストセラー。
『7つの習慣』では、「愛は名詞ではなく動詞だ！」と語られていたが、
その原典はここにある。愛とは「愛する」という行為だからこそ、学習可能であり、
技術が存在するのだ。

原題は
"The Art of
Loving" だぜ！

LOVE

フロムくん

POINT
1

「愛」には多くの落とし穴がある

POINT
2

「愛」とは自分の生命を与えることだ

POINT
3

「愛」は4要素から構成される

POINT 1 「愛」には多くの落とし穴がある

この態度の前の前提にある「3つの落とし穴」

1 「愛すること」ではなく、
「愛されること」に注力してしまう

2 「愛する能力の向上」をおろそかに
したまま、**「愛する対象探し」**に
注力してしまう

3 最初の**「恋に落ちる」**ことばかり気にして
「愛する状態に居続けること」を軽んじる

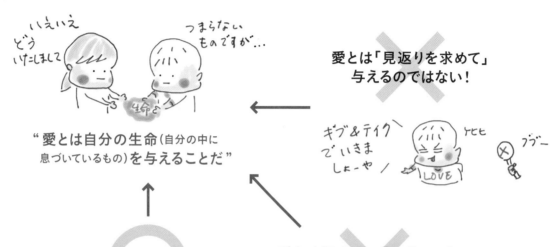

愛とは「見返りを求めて」
与えるのではない！

"愛とは自分の生命（自分の中に
息づいているもの）を与えることだ"

「自分の大切なものを与える」
ことが最上の喜びなのだ！

愛とは相手への「犠牲」の上に
成り立つものではない！

POINT **3** 「愛」は4要素から構成される

要素その1 配慮

愛とは
**"愛する者の生命と
　成長を積極的に気にかけること"**
である

要素その2 責任

愛とは
**"他人の欲求に応じられる、
　応じる用意があること"**
である

おぅべいべ
らぶりぃ
らぶりぃ♪

LOVE

要素その3 尊重

愛とは
**"人間をありのままの姿で見て、
　その人が唯一無二の存在であること"**
である

要素その4 知

愛とは
**"能動的に相手の中に入っていくことであり、
　その結合によって相手を知ること"**
である

『このように自分の生命を与えることによって、人は他人を豊かにし、自分自身の生命感を高めることによって、他人の生命感を高める。もらうために与えるのではない。与えること自体がこのうえない喜びなのだ』

（「第2章」より）

『幸せになる勇気』（P.191～参照）では、この『愛するということ』から多くの引用がされていて、「まず自ら他者に愛を与える」という概念が紹介されます。では「愛を与える」とは何でしょうか。

フロムは同書で、「愛を与えるということは、自分の生命を与えることだ」と表現しています。それは決して「身を捧げる」という意味ではありません。「自分の生命」とは、「自分の中に息づいている何か」。別の言葉で言い換えると、自分の経験を通じて培ってきた得難い知識やストーリー、感情などを惜しみなく教え、共有していくことこそが、愛を与えることだといえます。

しかしこれは、一方的に与えて自分だけが満足している自己満足とは本質的に異なります。この愛の大前提となるのは、他者への「知」。つまり、相手を深く理解し、相手が求めていること（＝「他人の生命感を高めること」）に基づいている必要があります。愛と自己満足には「他者への知」という点で大きな違いがあるのです。

もし相手が求めるものに対して、自分の中で息づいている何かを与えることができるなら…その行為はそれだけで喜びにつながります。その喜びがまた新たな愛あふれる行為を生み出すのです。それは、他者からの承認や見返りと切り離された「自家発電型」のエネルギーサイクルともいえるでしょう。自分の身の回りに、他者にかけがえのない知恵を与え続けている人がいたら、是非その人の行動に注意深く見つめてください。おそらく、その背景にある「自家発電サイクル」の回転に気づくはずです。

No.
14

新装版　人を動かす

D・カーネギー[著]　山口博[訳]
1999年（原書1937年）　創元社

基本的なメッセージは

相手に重要感を
持たせなさい

ということ。以上おしまい。
だけど、それをひたすらあの手この手ですりこんでくる。
大事なのは、この本との向き合い方。斜に構えていたら何も見えてこないが、
「昨日の自分はこの本に書いてあることをできていたのか?」という問いを挟んで
行動のチェックリストとして使うのが、正しい本書との向き合い方。

POINT
1

人を動かすためには
「重要感」を与えること

POINT
2

人に好かれるためには
まず行動を変えよう

POINT
3

熱くなりそうなときほど
原則に立ち戻ろう

しょせんは
オッサンの
説教本

← ダメな
向き合い方

POINT 1 ┊ 人を動かすためには「重要感」を与えること

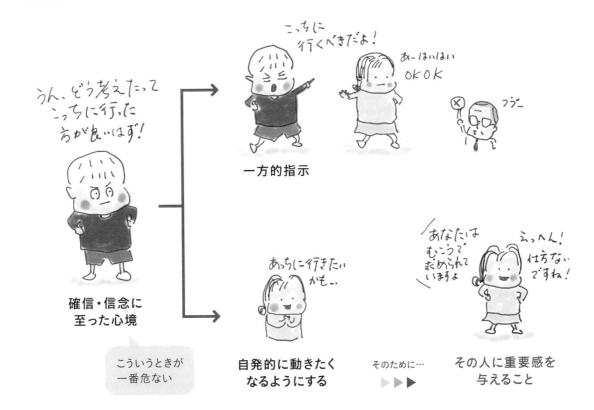

一方的指示

確信・信念に
至った心境

こういうときが
一番危ない

自発的に動きたく
なるようにする

そのために…
▶ ▶ ▶

その人に重要感を
与えること

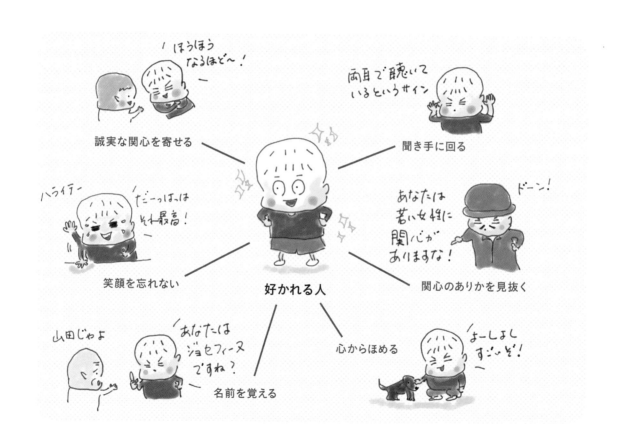

誠実な関心を寄せる

聞き手に回る

笑顔を忘れない

関心のありかを見抜く

好かれる人

名前を覚える

心からほめる

POINT 3 ： 熱くなりそうなときほど原則に立ち戻ろう

相手と議論がくい違ったとき…

スイッチが入って戦闘モードに
なってしまう人が多いが…

そういうときほど
議論を避けて…

相手の視点に立って
物事を捉え直してみよう

・相手の主張に
　正しいことがあるのでは？

・私の反論は役に立つのか？

・議論に勝ったら何を失うか？

Pick
Up
Point

押さえておきたいこの一節

『まずあなたが相手に関心を
持たないとすれば、どうして、
相手があなたに関心を持つ道
理があろうか?』

（「Part2」より）

『愛するということ』（P.97参照）で愛の前提条件となる「他者への知」をお伝えしましたが、相手を知ることは簡単ではありません。身近な人を想像してみてください。みなさんはその人をどれくらい知っていると言えるでしょうか? おそらく今日に至るまでの過程など表面的に知っていることはたくさんあるかもしれませんが、相手が何を考えてその道を選んだかなど、内面的なことは何も知らないことに気づくはずです。第1章のテーマは「自己理解」でしたが、自分を理解だけでも大変なのですから、どれだけ近い存在とは言え「他者を知る」ということはハードルが高くて当たり前なのです。

ここで気をつけるべきは、「他者を知った気になる」という罠です。「あいつは●●だから」と、わかった気になってしまうことは、人間関係においてとても危険なこと。なぜなら、「わかった」と思ってしまうと、「その人をもっと知りたい」という好奇心を失ってしまうからです。

そして、相手に対する好奇心を失えば、相手もそのサインを敏感に感じ取ります。すると、相手が自分への興味を持つことはないでしょう。結局、「あいつは自分のことをわかろうとしてくれない」ということの根源には、「自分は相手のことをよくわかっているつもり」という思い込みがあるのです。

人間は、自分自身でもよくわからないくらい複雑な存在であり、そして時と共に変化する存在です。そのため、相手には常に好奇心を持って接してみる。その行為が相手に対する「リスペクト」となり、やがては「愛」という形に育っていくのです。

NO.
15

大衆の反逆

オルテガ・イ・ガセット［著］　神吉敬三［訳］
1995年（原書1930年）　筑摩書房

スペインの思想家オルテガが1930年に書いた名著。
思想を持たない「大衆」の暴走メカニズムは、
その後のファシズムへの警笛となった。そして、
この「大衆」のコンセプトはいま、改めて考え直したいことである。

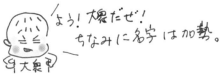

よう！大衆だぜ！
ちなみに名字は加勢。

大衆君

オルテが
くん

この本の大事なポイント 3 つ

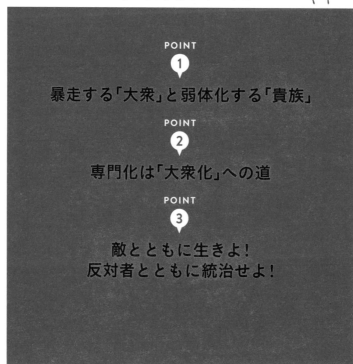

POINT
1

暴走する「大衆」と弱体化する「貴族」

POINT
2

専門化は「大衆化」への道

POINT
3

敵とともに生きよ！
反対者とともに統治せよ！

POINT 1 ： 暴走する「大衆」と弱体化する「貴族」

時は1930年のヨーロッパ。
そこには暴走を始める
「大衆」の存在があったのじゃ

何でも
できるよ

ヘイヘイ

オレら
多数派

ムズカしい
ことは禁止だぜ！

大衆

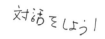

対話をしよう！

VS

貴族

☑ 平均的な人

☑ 「みんなと同じ」ことに喜びを覚える

☑ 自分に何ら特別な要求をしない

☑ 「不可能なものは何もない」
　 という万能感を持つ

☑ 努力し、平均を越えた人

☑ 自ら課した義務を
　 のり越えていく

☑ 完璧な人間はいないと考え、
　 他者と共存することを
　 前提にする

最近の科学は専門化が進み、誰も全体像を把握せず、「閉じた領域での全能感」を持ち始めている

(19世紀の科学者)

(20世紀の科学者)

POINT **3** 敵とともに生きよ！ 反対者とともに統治せよ！

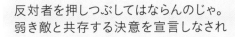

反対者を押しつぶしてはならんのじゃ。
弱き敵と共存する決意を宣言しなされ

ハグ
しよー

大衆的行動

あーあーあー
何も
聞こえ
なーい！
大衆

だりゃー

からの

知能の閉鎖性　　　　　直接的行動

自由主義的行動

真理

はっはっは
ノーサイド
ですわ！

からの

真理の追求　　　　　反対者との共存

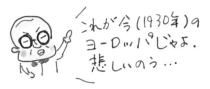

これが今(1930年)の
ヨーロッパじゃよ.
悲しいのう…

113

『敵とともに生きる！ 反対者とともに統治する！ こんな気持ちのやさしさは、もう理解しがたくなりはじめていないだろうか。反対者の存在する国がしだいに減りつつあるという事実ほど、今日の横顔をはっきりと示しているものはない。ほとんどすべての国で、一つの同質の大衆が公権を牛耳り、反対党を押しつぶし、絶滅させている』

（「第一部」より）

相手を深く理解することと、相手の考えに納得することは別物です。相手をどれだけ理解したとしても、最終的に相手の選択や結論には共感できないことは日常茶飯事でしょう。

大事なのは、お互いの違いを認め、それでも共に生きることを選択することです。

考えが違うからといって排除する必要はありません。

オルテガは、同書を通じて、そのような排除の論理の危険性を訴えました。排除の根底には「自分こそが正しい」という傲りがあります。そして、そうした傲りは、敵対する傲りを生み出し、やがては力勝負の不毛なイデオロギー闘争に陥るのです。そこには「相手はどんな事実に基づいて考えているのだろう？」「ひょっとしたら自分が間違っているのかもしれない」という謙虚な知性も、他者に対するリスペクトもありません。

『大衆の反逆』では、そのように知性を失い、他者への関心も失い、自ら考えることを放棄した社会（大衆）の怖さを描いています。オルテガが同書を描いた背景には1930年当時のスペインの姿がありましたが、この懸念は今日の日本にも通じるものがあります。

私たちは、社会を安定させる上でも、常に相手を理解しようとする姿勢と、違いを認めて共生するという考えを放棄してはならないのです。

自由からの逃走

エーリッヒ・フロム [著]　日高六郎 [訳]

1951年（原書1941年）　東京創元社

フロム
いいまーす

社会心理学者のエーリッヒ・フロムが1941年に書いた書籍。
なぜ人々はナチズムに傾倒していくのか、ということを
「自由」という切り口から解き明かす。「自由」という重圧はとても重たいものなのだ。

この本の大事なポイント3つ

3つの
ポイント！

POINT

1

絆からの独立と「不安」と「孤独」

POINT

2

2種類の自由と阻害する「無力感」

POINT

3

逃避的行動ではなく
自発的な「愛」と「仕事」

自由

こないで〜！

POINT 1 ｜ 絆からの独立と「不安」と「孤独」

人間の個性化のプロセス

第一次的な絆 〉 絆からの自由 〉 不安と孤独

人間がその存在を疑わずに、明確な「帰属意識」が持てている状態

いままで自分を守っていた絆から独立して「個性化」していくフェーズ

外界のプレッシャーからくる不安感、そして孤独に怯える

「〜からの」自由　⟷　「〜への」自由

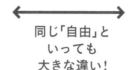

行為が本能的に
決められてしまうこと
からの自由を持つ
（消極的自由）

同じ「自由」と
いっても
大きな違い！

個性を実現すること
への自由を持つ
（積極的自由）

**…というジャンプを多くの人はできない。
「無力感」のせいで動けないのだ**

POINT 3 逃避的行動ではなく自発的な「愛」と「仕事」

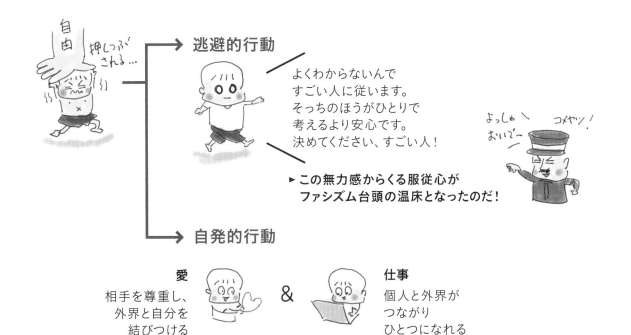

逃避的行動

よくわからないんで
すごい人に従います。
そっちのほうがひとりで
考えるより安心です。
決めてください、すごい人！

▶ この無力感からくる服従心が
　ファシズム台頭の温床となったのだ！

自発的行動

愛
相手を尊重し、
外界と自分を
結びつける

&

仕事
個人と外界が
つながり
ひとつになれる

▶ 愛と仕事こそが新しく「世界との関係を築く」
　唯一の手法なのだ！

Pick Up Point

押さえておきたいこの一節

『かれは愛情と仕事において、かれの感情的感覚的および知的な能力の純粋な表現において、自発的にかれ自身を世界と結びつけることができる』

（「第五章」より）

この引用箇所は日本語としてかなり難解なので、イラストをご覧いただかないと、理解し難いかもしれません。

フロムは同書で、人間は与えられた自由から生じた孤独に耐えられず、支配されること（＝ファシズム）へと逃走してしまう構造を描きました。

しかし同時に、そのような逃走を引き起こさないためのソリューションを2つ提示します。それがこの引用にある「愛情と仕事」です。個人と個人を結びつける「愛情」、そして社会と個人を結びつける「仕事」の存在が、人間を社会的孤立から救い出すために重要だとフロムは提言したのです。

フロムが同書を書きあげたのは、まだナチスドイツなどのファシズムが栄華を極めていた1941年のこと。ここでフロムは愛について言及し、その15年後、1956年に『愛するということ』をまとめます。フロムはファシズムの脅威を目前にして、社会が間違った方向に進まないために「愛」の重要性に気づき、そして戦後のタイミングで改めて自らの著書で「愛」をテーマにした1冊の本をまとめたのです。そういう意味でこの2冊には、「愛」という大きな流れがあるのです。

さて、戦中から戦後へと、時代は大きな変化を遂げたかもしれません。しかし、フロムの言説に従うならば、自由を謳歌する今だからこそ、「愛」ということの社会的意義は高まっているはずです。

社会的に孤立し、何かからの支配を求めて逃走する人を出さないためにも、このフロムのメッセージを再度深く受け止める必要があると思います。

これからの
「正義」の話をしよう
いまを生き延びるための哲学

マイケル・サンデル［著］　鬼澤忍［訳］
2010年　早川書房

NHK「ハーバード白熱教室」でブームになったサンデル教授の書籍。
功利主義やリバタリアニズムを否定し、
「共通善」に基づく「コミュニタリアニズム」を説く。
スパッと竹を割ったようなクリアな結論は幻想なのだ。
議論を重ねて、ギリギリの最善解を考えることに意味がある。

幻想

まて〜

サンデルくん

POINT
1

「正義」への３つのアプローチ

POINT
2

「功利主義」も「リバタリアニズム」も
限界がある

POINT
3

「正義」に絶対はない。
「共通善」を生み出そう

POINT 1 「正義」への3つのアプローチ

2004年
ハリケーンの被害にあった
フロリダでの話…

3つの意見

売り値が上がれば、供給したくなる人も増えて、みんなHappyになるよね！ ▶ 功利主義

価格なんて市場が決めるもの。他人がとやかく言ってコントロールするもんじゃない！ ▶ リバタリアニズム

は？ そんな足元見た商売、道徳的におかしいっしょ！ ▶ 美徳

ではこの3つの意見をそれぞれ考えていきましょう！ ほっほ、

功利主義

最大多数の最大幸福！
まー、要するにみんなの合計の
ハッピーが上がりゃいいんすよ。
多少の犠牲はしょうがないっすね

ジェレミー・ベンサムくん

リバタリアニズム

自己所有権！
どの人間も「自分が自分を
持っている」のだ。自分の
所有分をどう使おうが自由。
余計な手出しは不要

ミルトン・フリードマンくん

いやいや！　少数の弱者は常に犠牲を
払わなきゃいけないなんておかしい！
しかも、「幸福」ってそもそもどうやって
測るのよ？　そんな基準なんてないし、
計算の対象としていることがアホ！

かぁーっ！

いやいや！　じゃあ死ぬとわかっている
のに臓器売買するのをOKとしちゃう？
自由でありさえすればいいって尾崎かよ！
そんな簡単なことばかりじゃねーんだよ！

はぁ？

POINT 3 「正義」に絶対はない。「共通善」を生み出そう

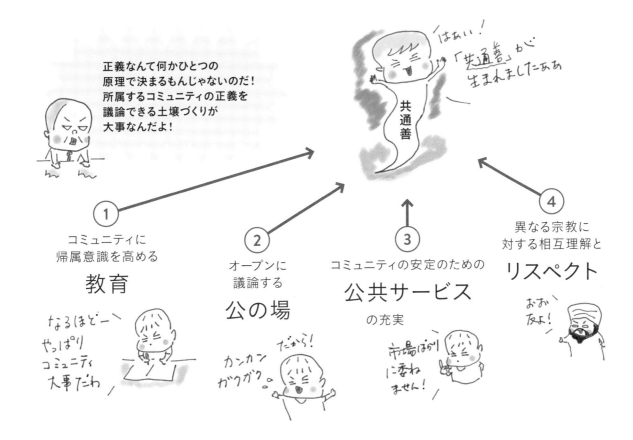

正義なんて何かひとつの
原理で決まるもんじゃないのだ！
所属するコミュニティの正義を
議論できる土壌づくりが
大事なんだよ！

はあい！
「共通善」が
生まれましたあ

共通善

① コミュニティに
帰属意識を高める
教育

なるほどー
やっぱり
コミュニティ
大事だわ

② オープンに
議論する
公の場

カンカン
ガクガク。
だから！

③ コミュニティの安定のための
公共サービス
の充実

市場ばかり
に委ね
ません！

④ 異なる宗教に
対する相互理解と
リスペクト

おお、
友よ！

Pick
Up
Point

押さえておきたいこの一節

『道徳をめぐる考察は孤独な作業ではなく、社会全体で取り組むべき試みなのである。それには対話者──友人、隣人、同僚、同郷の市民など──が必要になる。ときにはそうした対話者が実在せず、想像上の存在のこともある。自問自答する場合などがそうだ。しかし、われわれは内省だけによって正義の意味や最善の生き方を発見することはできない』

（「第1章」より）

NHKで取り上げられたことにより注目を浴びたサンデル教授の『これからの「正義」の話をしよう』。サンデル教授の対話スタイルに驚かれた方もいるかと思います。

サンデル教授は、教員として講堂の前に立ちながらも教えることはしません。ひたすら問いを投げて考えさせる。そして意見を募り、その反対意見と戦わせる。最後は、結論めいたことを言わずに大きな問いを残しながら終わります。普通に考えれば、「結局サンデルは何を言いたかったんだ？」とモヤモヤしてしまうでしょう。しかしサンデル教授の狙いはそこにあるのです。「何が正義なのか？」といった抽象度の高い問いには、すべての状況に通じる具体的な答えがあるわけではありません。自分たちで考え、「最適解」を見出していかなくてはならないのです。

そのときに大切なのが、「対話」です。この章のテーマは「他者へのリスペクト」や「他者を愛すること」でしたが、それにも答えはありません。今目の前にある具体的な事象に対する答えなんてないのです。したがって、私たちは一人ひとりが考えながらも、サンデル教授がNHKの番組で見せたように仲間たちと対話を重ねていくしかありません。

誰かから教えを乞うのではなく、自分たちがフラットな立場で対話を重ねることで相手を理解する。合意には至らないかもしれないけれど、少なくとも考えそのものは尊重する。それこそが排除や孤立を生み出さないひとつの成熟した社会のあり方だと考えます。

マッキンダーの
地政学
デモクラシーの理想と現実

ハルフォード・ジョン・マッキンダー [著]　曽村保信 [訳]
2008年（原書1919年）　原書房

イギリスの政治家であり、地政学者のマッキンダーが、第一次大戦直後の1919年に書い
た本。「デモクラシーの理想と現実」が本来のタイトルであって、
マッキンダーが最終的に言いたかったのは、これからの民主主義の理想論。
しかし、イントロの地政学が深すぎて秀逸のマスターピース。

この本の大事なポイント3つ

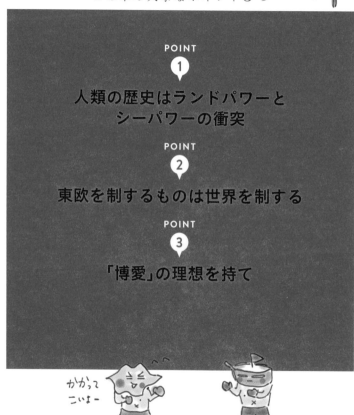

POINT

1

人類の歴史はランドパワーと
シーパワーの衝突

POINT

2

東欧を制するものは世界を制する

POINT

3

「博愛」の理想を持て

かかって
こいよー

Chapter 3. 他人をリスペクトし、愛を与えよう

POINT 1 | 人類の歴史はランドパワーとシーパワーの衝突

ランドパワーくん

シーパワーくん

領土拡大！

VS

海洋からの封じ込め！

マッキンダーくん
（1919年）

ロシア、ドイツのランドパワーが統合することが最大の脅威。そうならないようにシーパワーを備えよ！

大陸国家	海洋国家
ロシア、ドイツ、モンゴルなど	イギリス、フランス、イタリア、アメリカなど
陸をベースにした陸路輸送	海や河川を通じた海路輸送
内陸から侵攻した領土拡大	海洋から海岸線支配による封じ込め

外から攻めるよ

氷の海

ヘーイ！どけどけー！

ハートランドを握ったランドパワーは
必然的に東欧を通って西欧のシーパワーに
圧力をかけてくる。
ハートランドの接点である東欧を
どこが握るかが重要なんじゃ！

ハートランドは資源も
人口も陸路輸送力も圧倒的。
海からの守りも完璧。
つまり、ここを握った勢力が
世界を制する！

もし、ハートランド勢が東欧を
握ったら、西欧は逃げ場なし！
ユーラシアは統一され、
世界島は支配されるのじゃ

POINT 3 「博愛」の理想を持て

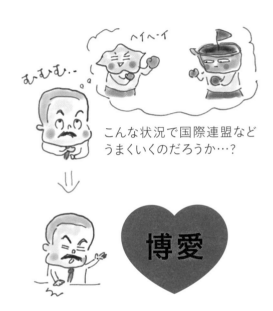

こんな状況で国際連盟など
うまくいくのだろうか…?

博愛

いや、こんなときだからこそ、
「博愛」の理想が必要なのじゃ!
博愛がなければすべてはムダ!

つまりは、自己本位の考え方を
捨てて、自己を抑制し、全体の
「バランス」を優先させること
なのじゃ! バランスの欠けた個人、
地域、そして国家は必ず滅びる!
博愛じゃ!

Pick
Up
Point

押さえておきたいこの一節

『なかでも博愛はデモクラシーが有効に機能するために必須の条件だが、およそ政治の原則でもこれぐらいむずかしいものはまたとない。なぜならば、これは平凡な市民にたいして、ぎりぎりの能力の放出を要求するからだ』

（「第七章」より）

『マッキンダーの地政学』の名で知られる本書の原題は"Democratic Ideals and Reality"（＝「デモクラシーの理想と現実」）です。地政学の名著として知られていますが、実は地政学そのものはデモクラシーを考える上での補助線に過ぎません。丁寧に読み解いていくと、この書籍の本質は、「地理的な条件が違う国々がどうやったら平和に共生していけるのか」という共生の概念にあると気づきます。

そして、最終章の第7章でマッキンダーが訴えるのは「博愛」。それまでの6章分は「シーパワーとランドパワーの戦い」といった極めて現実的・分析的な論調ですが、最後の第7章では理想的・抽象的な「共同体」「勇気」「博愛」という言説に至ります。結局、人類平和とは、生まれ持った国々の条件の違いを正しく理解し、リスペクトを持って接していくこと以外に道はないのではないか…。地政学を極めて現実的に考察したマッキンダーが著者だからこそ、そのような理想的なメッセージに重みを感じます。

同書は、第6章までは徹底的なリアリズム、そして最後の第7章だけは理想的で抽象的なメッセージで構成されています。この構成とバランスに今を生きるヒントがあるような気がしてなりません。この複雑な社会を生きていくためには、同書で数多くのページが割かれている冷静な分析が必要なのは言うまでもありません。しかし、最終的には「愛」といった抽象的な理想論でクロージングをしないとうまくいかないこともあるのです。

同書の構成からも、私たちは愛の重要さを学べるのです。

Chapter 4.

頭の使い方を
アップデート
しよう

一向に減る気配がない仕事の山。残っている仕事はすべて厄介なものばかり。早く終わらせてスッキリしたいけど、何から手をつけたら良いのかまったく見当がつかない…。そして、「この山を処理できたらだいぶ楽になるはず！」という希望も、すぐに幻想だと気づきます。なぜなら、その先にはもっと複雑で入り組んだ仕事が待ち受けているからです。

　そういう意味で、仕事はロールプレイングゲームと似ているかもしれません。レベルが上がれば、そのレベルに相応しい敵が現れるようになっているのです。かつて戦った楽勝な敵ばかりを相手にしてはいられないのです。

　では、どうやって自分をレベルアップされればいいのか。ゲームだと敵に勝てば自動的にレベルがアップしていきますが、実際の私たちの能力はそんな簡単にアップデートしていきません。

　この章では、そのような永遠に続く「能力のアップデート」という課題のヒントになる書籍を、いわゆる「スキル本」とは違う角度からラインナップしています。

　まずはデカルトの『方法序説』（デカルト著、谷川多佳子訳、岩波書店）。書籍の名前でピンと来ない方でも、同書の一節「我思う、ゆえに我あり」という言葉はご存知なのではないでしょうか。約400年前に書かれた超ロングセラー本であり、その内容はいまも色褪せることはありません。ページ数は少ない本ですが、内容は深い。「方法的懐疑」と言われる「根源までを疑い尽くす」考え方は、日々同じことばかりの「ルーティンの罠」に陥ってしまっている人にとっては、実践の価値がある概念です。

『学習する組織』（ピーター・M・センゲ著、枝廣淳子・小田理一郎・中小路佳代子訳、英治出版）では「システム思考」という考え方に注目しています。この原則は、著者のセンゲが本書で紹介されている「5つのディシプリン」の中でも一番重点を置いているものです。平たく言えば、「問題を俯瞰して構造を捉えよう」ということ。複雑な問題ほど、各要素が入り組んでいて、ひとつの要素だけに手を加えても簡単には解決しません。そして現実的な課題として、打ち手と結果にタイムラグがあるということがあげられます。同書では、「アスピリンを飲んだら待て」という表現があります。薬を飲んでもすぐに効果が出ないからといって、連続的に薬を飲むと逆効果になります。つまり、問題解決においては、「待つ」という行為も必要なのです。

　では、問題の構造はどう捉えればよいのか？　また、どれだけ待てば良いのか？　この問いに対する明確な指標は存在しません。最終的に重要なのは、「直感」なのです。

　「直感」といった、抽象的な概念を経営に取り込む重要性を語ったのが『世界のエリートはなぜ「美意識」を鍛えるのか？』（山口周、光文社）です。経営において、論理が重要であることは言うまでもありません。しかし、論理が幅を利かせすぎる傾向があるのも事実です。私はビジネススクールで「論理の作り方」を教える立場ではありますが、論理の必要性を伝えると同時に、その限界を理解してもらうことも自分の役割だと考えています。現場で力を持ちやすい「具体的な論理」に対して、劣勢に立たされる「抽象的な美意識」にどう光を当てていくか。このバランスを取っていくことが今後の経営のひとつテーマだと思います。

『センスメイキング』（クリスチャン・マスビアス著、斎藤栄一郎訳、プレジデント社）は、『学習する組織』や『世界のエリートはなぜ「美意識」を鍛えるのか？』のつながりで読むと、意味するところがよくわかります。数字に表れない大事なことをどう感じ取るか。五感をフル活用して感じ取ることの必要性を改めて認識させられる1冊です。

『FACTFULNESS 』（ハンス・ロスリング、オーラ・ロスリング、アンナ・ロスリング・ロランド著、上杉周作、関美和訳、日経BP）を一言で言うと、「ちゃんと事実に基づいた考え方をしよう」です。この本にまとめられた現代病とも言うべき10個の症状は誰もが心当たりのあることでしょう。私たちが世の中を正しく認識できないのは、知識不足だからではありません。知識を取り入れても、その処理機能がうまく作用していないからです。だから結論を間違う、ということを教えてくれる1冊です。

『ホモ・デウス』（ユヴァ・ノアル・ハラリ著、柴田裕之訳）は、『 FACTFULNESS 』の流れで読むと違った面白さを味わうことができます。先に述べた10個の症状を抱える人間の処理機能の欠陥を修正し、その精度がアップデートされた存在が出現したらどうなるのか…。そんなシナリオで読み解くと、本章のテーマである「頭の使い方のアップデート」の深さや面白さが見えてきます。

　一見バラバラなラインナップに見えますが、時空を超えて大きな線でつながる名著を紹介しています。是非お楽しみください。

№.19

方法序説

デカルト[著]　谷川多佳子[訳]

1997年（原書1637年）　岩波書店

時は17世紀、三十年戦争という最大の宗教戦争のまっただ中で書かれた本。
イデオロギー対決となる中で、「普遍的な原理は何なのか？」
という問いにチャレンジした結果が本書。
この困難な課題と問いに向き合う姿勢こそ、時代を超えて学べるものではないか。

まあまあ
熱くならずに！
普遍的なことから
考えましょう！

POINT
1

自分の考えでゼロから世の中を設計せよ

POINT
2

真理を導くための4つのシンプルな規則

POINT
3

その結果残ったのは、「私」という存在

POINT 1 自分の考えでゼロからこの世の中を設計せよ

たとえば家を建築するとして…

これはオレに任せろ

ここはオレが考える

ここは私よ！

何人もの建築家が関与すると
品質が低下する

土台作っといたから、あとはシワヨロ～

誰かが作った土台の上に作ると、
品質の担保がむずかしい

大事なことは自分だけの
力でゼロから作り上げて
みることなのだ！

つまり、今まで信じてい
た見解をすべてリセットし
てさっぱり取り除くのだ！
そこからスタートなのだ！

その1
疑え！

疑いをさしはさむ
余地がまったくない
もの以外は判断に
含めない。注意深く、
速断と偏見を避けよ！

ハイ、
タラトー！

難問については
問題を解くために
必要なだけの
小部分まで、
できるだけ細かく
分割せよ！

その2
分割
せよ！

その3
順序を
踏め！

もっとも単純で
もっとも認識しやすい
ものから始めて、
少しずつ階段を
昇るように進むべし！

ゼー
ゼー

すべての場合に
問題ないか、完全に
見直しをして
何も見落としが
なかった
と確認すべし！

その4
確認
せよ！

右ヨーシ 左ヨーシ

POINT 3 その結果残ったのは、「私」という存在

ってことで…片っ端から疑うぞ～！

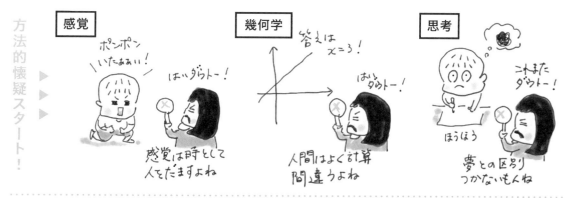

| 感覚 | 幾何学 | 思考 |

ポンポンいたぁあい！

はいダウトー！

感覚は時として人をだますよね

答えは x=3！

はいダウトー！

人間はよく計算間違うよね

これまたダウトー！

ほうほう

夢との区別つかないもんね

あっ！

ってこうやって考えている「自分」という存在だけは確かなんじゃないの？

哲学の第一原理

→ ワレ惟ウ、故ニワレ在リ
（オモ）（ア）

うむ！

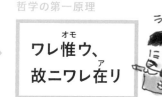

141

『わたしたちの意見が分かれるのは、ある人が他人よりも理性があるということによるのではなく、ただ、わたしたちが思考を異なる道筋で導き、同一のことを考察してはいないことから生じるのである』

（「第1部」より）

デカルトが『方法序説』を執筆したとき、ヨーロッパ各地で宗教戦争が勃発していました。お互いがそれぞれの主張を譲らず、血で血を洗う戦いが頻発。そのような混沌とした時代背景で、「なぜ私たちは理解し合えないのか」「信じることが異なる私たちがどう考えれば真理に到達できるのか」ということを「方法的懐疑」というアプローチで考え抜いた同書です。

この一節でデカルトが言っているのは、その根底には「考えるべき対象」と「考え方」の違いがあるということ。そして、インプット（＝考えるべき対象）とスループット（＝考え方）を揃えれば、アウトプット（＝意見）は同じものが出てくる、とデカルトは考えたのです。

しかし現実的には、スループットを合わせることは難しい。物事を考えるとき、私たちは脳内で瞬間的に処理をするので、「考え方」を正すことがどれだけ難しいことか。「●●シンキング」という書籍が数多く売れている現代においてもなお、私たちの意見がすり合わないことがその証拠です。「歩き方を変えよう」と思っても、気づいたら今まで通りの歩き方をしてしまうのと同じようなことです。無意識的にやってきたことは、意識的に直すことが難しいのです。

逆説的ではありますが、だからこそ『方法序説』が色褪せないのかもしれません。デカルト以来数百年、人間はこの事実に気づいてきたにもかかわらず、その本質は変わっていないのです。

この事実を重く受け止めつつ、スループットをどう高めていくべきなのか。そのことを私たちは考えていく必要があるのです。

Nº. 20

学習する組織
システム思考で未来を創造する

ピーター・M・センゲ[著] 枝廣淳子／小田理一郎／中小路佳代子[訳]

2011年（原書1990年） 英治出版

未だに色褪せない名著。
3つの学習能力、5つの学習ディシプリン、そして、
それらの根底にある「システム思考」の概念はおさえておくべき。
特に、分解をベースにした分析ばかりしている人には
この本から多くの発見が得られるはず！

この本の大事なポイント3つ

POINT

1

チームを作るには
3つの学習能力のバランスを図れ

POINT

2

3つの学習能力を構成する
5つの学習ディシプリン

POINT

3

システム思考は
すべてを統合する「第5のディシプリン」

5th
Discipline!

チームを作るには3つの学習能力のバランスを図れ

3つの
学習能力

3

共創的に対話する力

相手の立場に立って探求を進めて、
内省的に自分の考えを話す
コミュニケーション力

これがこーなると
こーなって…

1

志を育成する力

個人やチームがやりたいこと、
向かうべき方向性を理解し、
それに向かって自らを
変化させていく力

何やりたいん
だっけ？

2

複雑性を理解する力

世の中を、さまざまな要素のつながりから
成り立っているものとして捉え、
システムそのものを把握する力

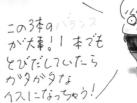

この3本のバランス
が大事！1本でも
とびだしていたら
ガタガタな
イスになっちゃう！

145

ディシプリンとは「習得しなければならない理論と手法の体系」のこと。

日本語では"道"に近いかも

3つの学習能力

志を育成する力　　複雑性を理解する力　　共創的に対話する力

① 自己マスタリー
人生において本当に必要なことを生み出すために、絶えず自分の意識と能力を高めること

② 共有ビジョン
組織として成し遂げたい未来の共通像を持つこと

③ システム思考
世の中のシステムの全体を明らかにして、それを効果的に変える考え方

④ メンタル・モデル
自分の考えの前提が正しいかどうかを常に疑う姿勢

⑤ チーム学習
仲間と一緒に探求、考察、内省を行うスタイル

修業！

あっちへ行こう！

正しいの？

前提

Together だぜ！

POINT 3　システム思考はすべてを結合する「第5のディシプリン」

システム思考(複雑性を理解する力)は、
物事ではなく全体のつながりを見る。
静的ではなく動的に捉える。
こう考えると構造は決して
単純ではないことに気づく

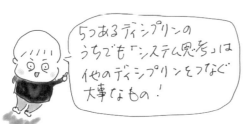

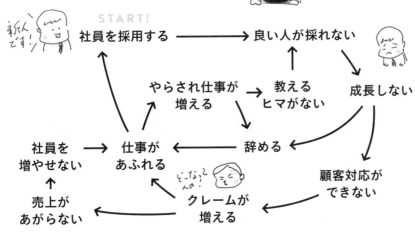

Pick
Up
Point

押さえておきたいこの一節

『本書で紹介されるツールや考えは、独立した、互いに関連のない力で世界が創られているという思い込みを打ち砕くためのものだ。この思い込みを捨てるとき、「学習する組織」を築き上げることができる』

（「第1章」より）

デカルトは『方法序説』の冒頭で、物事を分解することの重要性を訴求しました。考える対象の塊をバラバラにしていくアプローチです。バラバラにすれば問題がクリアに見えてくるようになります。しかし実は、バラバラになった問題同士が相互に関連していると、あるひとつの問題に手をかけても問題は解決しないどころか、かえって事をこじらせてしまうこともあります。たとえば、残業が深刻化しているからといって「残業時間を規制します」としても、問題の本質が改善されていないことと同じです。残業が発生するメカニズムを特定し、そのメカニズムの根本に着手しない限り、「モグラ叩き」になってしまいます。

　問題を解決するためには、分解だけでなく、統合することで問題が起きる「構造を捉える」プロセスが必要なのです。これを同書では「システム思考」と呼び、5つあるディシプリン（原則）のうちすべてを統合する最重要のものと定義しています。

　しかし実務上で、この「システム思考」はかなり難易度が高いものです。私たちの身の回りに存在する「解けない問題」は、個々の要素が入り組んでいて、お互いに影響を及ぼして合っている構造になっています。

　そもそも構造が複雑すぎて捉えられない、ということもありますが、仮に構造がわかったとしても「政治的に手を打ちにくい」というものばかり。しかし私たちは、これからそのような「残された複雑な課題」にこそ向き合っていく必要があります。つまり、この「システム思考」のディシプリンをどれだけ高度に操ることができるのか、それが問われているのです。

世界のエリートはなぜ「美意識」を鍛えるのか？

経営における「アート」と「サイエンス」

山口周［著］

2017年　光文社

経営において経験や論理が重要なのは言うまでもないけど、
「それだけ」になっちゃうと危険。論理を超えたところにある「直感」や
「真・善・美」の必要性をわかりやすく訴求した本。

ワタシの
時代が
キタ〜♪

この本の大事なポイント3つ

POINT

**「アート」と「サイエンス」と「クラフト」の
バランスを取れ**

POINT

**いま経営にアートが求められる
3つの背景**

POINT

「パターン認識」の罠から抜け出そう

もちろん
サイエンスだって
重要では
ある人だよ！

Chapter 4. 頭の使い方をアップデートしよう

150

POINT 1 「アート」と「サイエンス」と「クラフト」のバランスを取れ

サイエンス野郎
定石や分析結果から経営を考える

セオリーにてらしあわせるとですね

オレの経験だとな

クラフトおじさん
過去の実績や経験から経営を考える

アートさん
自分の内的な美意識に基づいて経営を考える

まあなんか美しくないですね〜

きいてます？

説明責任力

説明責任力

説明責任力

がんばれアートさん！

サイエンスやクラフトと比較して、アートの説得力は低い。
従って、経営においてアートが軽んじられる傾向にある

151

アートさん

① 論理的情報
　処理の限界

変化が激しく情報が
少ない中で意思決定を
しなくてはならない

③ システム変化に
　ルールが追いつかない世界

変化が激しく、ルールのない
「グレーゾーン」で意思決定を
しなくてはならない

サイエンス野郎

② 自己実現欲求
　市場の登場

すべての商品は、機能的便益(使える〜!)、
情緒的便益(いいデザイン〜!)を経て、
自己実現欲求(これを持つような人間です!)に至る。
そういう商品が出せるか?

クラフトおじさん

POINT **3** 「パターン認識」の罠から抜け出そう

| パターン認識的モノの見方 | アート的モノの見方 |

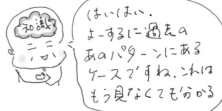

過去の知識（パターン認識）に
とらわれて、物事を決めつけてしまい、
ゼロベースでちゃんと観察しようと
しない。だから新たな変化に
気づかない

何があり、何が起ころうと
しているのかを虚心坦懐に見つめ、
そして感じる。些細な変化も
見逃さない

153

Pick
Up
Point

押さえておきたいこの一節

『経営の意思決定においては「論理」も「直感」も、高い次元で活用すべきモードであり、両者のうちの一方が、片方に対して劣後するという考え方は危険だという認識の上で、現在の企業運営は、その軸足が「論理」に偏りすぎているというのが、筆者の問題提起だと考えてもらえればと思います』

（「第1章」より）

著者である山口さんのおかげもあり、最近の経営では、今まであまり語られなかった「直感」への注目が高くなってきました。同時に、「論理と直感のどちらが大事なのか？」という問いが増えてきたような気もします。しかし、この問いそのものに考える意味はありません。なぜなら、「どっちも大事」だからなのです。

この本で語られる通り、今までの経営が「論理」に偏りすぎていただけのこと。「論理思考は不要」ということではなく、どちらも磨き上げればいいのです。

経営の現場では、意見が真っ二つに割れる難しいシチュエーションが、年に数回は必ずあります。そのとき、リーダーに求められるのは、「①直感でスタンスを決める」「②そのスタンスを理解できるように論理構成する」「③その結果に対する責任を取るというコミットメントを示す」、この3つです。

経営上の難しい問題は、いくら論理的に考えても答えに到達できるものではありません。そのような問題は、むしろ感性をフル稼働させてスタンスを決めてしまうに他ならないのです。そして論理は、そのスタンスで周囲を動かすために活用すべきスキルと位置づけるべきでしょう。

論理を突き詰めれば、直感の重要性に嫌というほど気づかされます。そして直感を磨けば、伝える手段としての論理が必要になってきます。

「どちらが重要なのか？」という不毛な問いは置いておいて、「それぞれの力を自分はどうやって育むべきか」、という問いに向き合うべきなのでしょう。

センスメイキング
本当に重要なものを見極める力

クリスチャン・マスビアウ [著]　斎藤栄一郎 [訳]

2018年　プレジデント社

データ至上主義へのアンチテーゼとなる1冊。
自分科学を学び、人間、社会、文化に対する
感度を高めることの重要さを訴える。
定式化しやすいサイエンスの世界に対して、
ふわっとしたアートの世界。
でも、この辺に対する理解がないとビジネスはうまくいかないのだ。

3つの
ポイント

POINT
1

センスメイキングとは、
「アルゴリズム思考」の対極

POINT
2

「個」ではなく「文脈」を理解する

POINT
3

「生産」ではなく「創造性」を!

データゴリゴリの
マーケティング
やってる人に
おススメ
(多分いろいろ
言いたくなるはず)

POINT 1　センスメイキングとは、「アルゴリズム思考」の対極

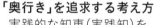

アルゴリズム思考　←→　センスメイキング

「量」をこなす考え方
対象物を定義し、
計算できるように
考えるアプローチ

スラスラ計算
デキマス！

「奥行き」を追求する考え方
実践的な知恵（実践知）を
ベースに、文脈をふまえて
解釈するアプローチ

知らんけど

ヒエラルキーの上のお偉いさんになると、無味乾燥のデータとアルゴリズム思考に支配されやすい。しかし、現実を動かしている顧客は、もっともっと奥行きのある存在なのだ！

うーん・
何かニオうぞ…
あやしい‥

こーゆー直観とか想像力が
経営の現場から
失われたらやばいよ！

おい！おめー
聞こえてるか？！
いはっ
社長！

たとえば自動車メーカーの場合…

| 個体としてのクルマ | ライフスタイルの文脈にあるクルマ |

我々は何かから自由になっているように見えるが、結局単独の行為で完結していることなどない。すべては意味のつらなりの中で行われているのだ！

POINT 3 「生産」ではなく「創造性」を！

　大いなる勘違い　　　　　現実解

文脈の海　　混沌の海

意図があれば、プロセスに乗せて誰でもアイディアが生産できるなんてちゃんちゃらおかしい！ **「意図的な創造性」**という安易なアプローチは知的価値を蝕む！　創造性というものはもっと深くて混沌としたものだ！

我々の身の回りには、何層にもわたる意味のつらなりがあり、文脈の海が存在する。そこに身を投じて、**混沌の過程**を経てようやく物事の理解につながるのだ。**体系化されたモデル**に依存してはならない！

159

『この点についてもう少し理解を深めるには、アリストテレスが提唱した「フロネシス＝実践知」（実践の場で的確な判断を下すための実践的な知恵）が助けになる。アリストテレスによれば、実践知が豊かな人間は、自分が関わっている分野の"文法"を超越して活躍できるという』

（「第四章」より）

『センスメイキング』で語られるのも、直感的であり統合的な思考の重要性です。経営の現場で数字に置き換えられるものは、徐々に「サイエンス」の世界に入っていきます。数字を実現するための「方程式」が見出され、後は方程式に従って小さなPDCAを回していくことが求められていくのです。

しかし、経営では数字に置き換えられるものばかりではありません。企業文化がどう変化しているか、社員の幸福度は高まっているか、会社の進むべき方法をみんな理解しているか…。これは、「〜スコア」などで数値に代替されますが、人間の心が数値化できないように、本質的には数字で明確に測れるものではありません。こういった数字に表れないことを、経営者はどう理解すれば良いのか。それが、この一節にある「フロネシス（＝実践知）」です。

本来、私たちには「実践知」が身についています。たとえば「どうも今日は上司の機嫌が悪いらしいぞ」など、直感的に感じ取れるものです。しかし、もし仮に「機嫌メーター」のようなものが発明され、その数値が一目でわかるようになったとしたら、私たちの「相手の感情を理解する」という実践知は途端に鈍くなるはずです。実践知を磨いても出番がないからです。

本来生きるために必要だった能力が、数値化が進行することによって衰えていくという状態。これが経営の現場にも起きているのかもしれません。数字で測れるものをちゃんと見ることは大事です。しかし、「数字で見られないものもある」ということを忘れてはいけません。そしてそれは、日々磨き続けた実践知でしか判断できないのです。

FACTFULNESS
10の思い込みを乗り越え、
データを基に世界を正しく見る習慣

ハンス・ロスリング／オーラ・ロスリング／アンナ・ロスリング・ロンランド［著］

上杉周作／関美和［訳］

2019年　日経BP

世界の人口のうち、極度の貧困にある人の割合は過去20年でどう変わったでしょう？

A：約2倍になった　　　B：あまり変わっていない　　　C：半分になった

答えは「C」。半減！　でも正解率はたった7％…。チンパンジーでも33％は正解するのに、
なぜ人は間違えるのか？　そこには「10の思い込み」があるのだ、という本

この本の大事なポイント3つ

POINT
1

「10の思い込み」から成る
“ドラマティックすぎる世界の見方”

POINT
2

世の中は2つに分断されてなんかない

POINT
3

世の中は悪くなってなんかない

POINT 1 「10の思い込み」から成る"ドラマティックすぎる世界の見方"

「ドラマティックすぎる世界の見方」軍団!

世の中は分断されてるから!

分断本能くん

世界はどんどん悪くなっているわ!

ネガティブ本能さん

世界の人口はひたすら増え続けるにきまってる!

直線本能くん

もうとにかく怖い!

恐怖本能さん

目の前の数字が一番!

過大視本能くん

ひとつの例が全てに当てはまる!

パターン化本能さん

すべては予め決まっているのだ

宿命本能くん

や、やるか?

VS

事実

（ファクトフルネスくん）

がんばれ、ファクトフルネスくん!事実に基づき、10人の敵をやっつけるのだ!

世の中は一つの切り口で理解できる!

単純化本能くん

誰かを責めれば万事解決!

犯人捜し本能さん

今すぐ手を打たないと大変になるよ!

焦り本能くん

第1の敵　　分断本能くん

ファクトフルネスくん

── 敵の必殺技 ──

・何事も2つのグループに分けて考える。
「正義か悪か」「自国か他国か」
「富裕層か貧困層か」みたいに

・その2つのグループに対立を求める

── 対抗技 ──

① 2つのグループの平均に差があった
としても大半は中間部分で
重なり合っていないかチェックしよう

② グループには最上位もあれば
最下位もある。極端同士の比較に
なっていないかチェックしよう

③ 高いところから見下ろすと、
みんな一括りに低く見えてしまう。
小さな差をチェックしよう

POINT **3** 世の中は悪くなってなんかない

第2の敵　ネガティブ本能さん

ファクトフルネスくん

── 敵の必殺技 ──

- 少しずつ良くなっていることには目もくれない。センセーショナルな悲劇や事故ばかりを見つけてしまう

- 過去を美化する

- 深く考えずに、感じて判断してしまう

── 対抗技 ──

① 「悪い」と「良くなっている」という2つの考え方を共存させる。良くなっていることは数多く存在するのだ

② 悪いニュースのほうが広まりやすいということを心得ておく

③ 歴史を書き換えない。過去をしっかり学ぶ

165

『わたしのクイズで、最もネガティブで極端な答えを選ぶ人が多いのは、「ドラマチックすぎる世界の見方」が原因だ』
（イントロダクションより）

本書の最大のテーマは、私たちがいかに「ドラマチックすぎる世界の見方」に捉われているかに気づくこと。「ドラマチックすぎる世界の見方」とは、「私たちを取り巻く環境が悪化しており、貧富の格差も広がりつつあり、資源も枯渇しつつある」というネガティブなものの見方です。

本書で書かれているのは、世の中の見方としての一般論ですが、これを経営の単位にまで落とし込んでみても、このような「ドラマチックすぎるマネジメントの見方」がいたるところに偏在していることに気づきます。
「うちの会社はこのまま行くと破滅する」「社員はみんな内向きな奴ばかりだ」……。こういった過激で極端なモノの見方をしている人は、自分自身が「ドラマチックすぎる世界の見方」に陥っていないか気をつけたほうがいいでしょう。

もちろん問題意識を持つことは重要ですが、すべての組織において、良いこともあれば悪いこともあるものです。どちらか一方をすべて無視して、極端に悲観的、もしくは楽観的になっていては、多くの人を巻き込むことはできません。
この本が指摘するのは、「事実をベースに冷静に解釈してみよう」ということ。事実に立脚して、良いことは良い、悪いことは悪いと指摘して、ファクトフルなマネジメントを志していきましょう。

ホモ・デウス（上・下）
テクノロジーとサピエンスの未来

ユヴァル・ノア・ハラリ[著]　柴田裕之[訳]

2018年　河出書房新社

人類のこれまでの歴史を読み解いた『サピエンス全史』の続編で、
これからの人類がどうなるかを描く。
この本の第1章だけでも1冊の価値があるくらい濃密であり、ブッ飛んでいる。
多分何回も読み込まないとこの本の意味するところはわからないのかもしれない。

ただただハラリ氏の
考えのスケールの大きさに
ひれ伏すしかない。

いやー
それほどでも

←実は同い年と知って
更にむどろした！

POINT

1

人類は「3大課題」を 克服しつつある

POINT

2

人類はホモ・デウス（＝神）を目指す

POINT

3

これからの人類の宗教は 「データ至上主義」へ

POINT 1　人類は「3大課題」を克服しつつある

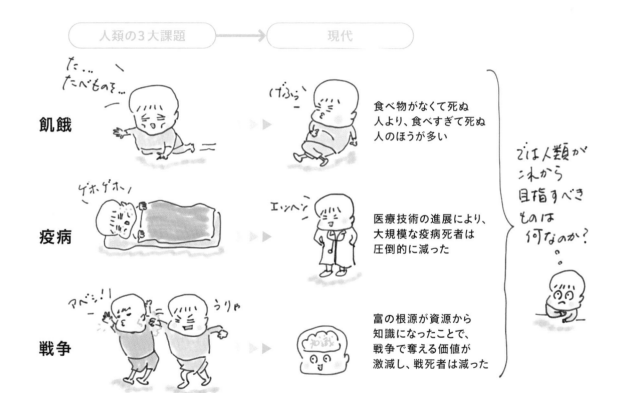

人類の3大課題 ➡ 現代

飢餓

た…
たべものを…

げふぅ

食べ物がなくて死ぬ
人より、食べすぎて死ぬ
人のほうが多い

疫病

ゲホッ ゲホッ！

エッヘン

医療技術の進展により、
大規模な疫病死者は
圧倒的に減った

戦争

アベシ！！

うりゃ

知識

富の根源が資源から
知識になったことで、
戦争で奪える価値が
激減し、戦死者は減った

では人類が
これから
目指すべき
ものは
何なのか？

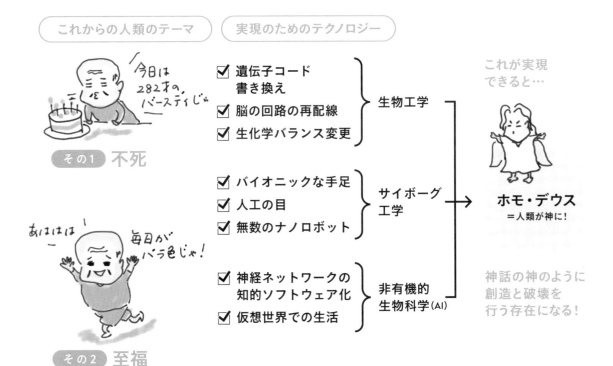

これからの人類のテーマ　　実現のためのテクノロジー

今日は282才のバースディじゃ

その1　**不死**

- ☑ 遺伝子コード書き換え
- ☑ 脳の回路の再配線
- ☑ 生化学バランス変更

生物工学

あははは　毎日がバラ色じゃ!

その2　**至福**
幸せに長生きすること!

- ☑ バイオニックな手足
- ☑ 人工の目
- ☑ 無数のナノロボット

サイボーグ工学

- ☑ 神経ネットワークの知的ソフトウェア化
- ☑ 仮想世界での生活

非有機的生物科学(AI)

これが実現できると…

ホモ・デウス
＝人類が神に!

神話の神のように創造と破壊を行う存在になる!

▶ では、この流れはどんな社会を生むのか?

POINT 3

これからの人類の宗教は「データ至上主義」へ

有神論主義	人間至上主義	データ至上主義
	現代	未来

ベースにあるのは神の言葉を残した経典。それがすべて。農業革命が神を生みだし、人間以外の動物の家畜化を正統化した

科学革命によって生み出されたテクノロジーは神をしのぐ力を持つ。その結果、人間の欲望こそが大事なこととなった

人間より優れたアルゴリズムができれば、動物に人間が従ってきたように、アルゴリズムに人間が従うようになるだろう。一部のアップデートされた超人（ホモ・デウス）とアルゴリズムに支配されるのだ

『私たちのアルゴリズムは二一世紀のデータフローに対処するようには構築されていない。私たちは人間のデータ処理システムをアップグレードしようとするかもしれないが、それでは十分ではないだろう。(中略) 自動車が馬車に取って代わったとき、私たちは馬をアップグレードしたりせず、引退させた。ホモ・サピエンスについても同じことをする時が来ているのかもしれない』

（「第11章」より）

この章では「これからの時代の頭の使い方」ということをテーマに考えを深めてきました。大きなメッセージは、「分解だけでなく統合を」「論理だけでなく直感を」というもの。しかし、ハラリの『ホモ・デウス』は、そんな話を壮大なスケールの視点でいとも簡単に吹き飛ばしてくれます。

同書で語られるのは、データ至上主義の世界。「結局は、多くのデータを取り込み、よいアリゴリズムを備えた存在がこれからの世の中を支配する」という論が展開されています。この世界でニワトリより人間が優位だったのは、人間が多くのデータを取り込み、ちょっとだけ優秀なアルゴリズムを備えていたから。P.137で紹介したデカルトの『方法序説』の言葉を借りるなら、「考える対象」と「考え方」がちょっとずつニワトリより上回っていただけなのです。

では、人間より多くのデータを効率的に処理できる存在ができたとしたら…? その世の中は、人間がニワトリを管理しているかのごとく、アップグレードされた存在に人間が支配される世の中になっているのかもしれません。

ここだけを語ると、ディストピア型のSF小説のストーリーのように思えますが、日々テクノロジーが進化している状態を目の当たりにすると、SFとも思えなくなってくるのが怖いところです。

日々自分自身の考え方をアップデートしていくことの重要さは変わることはありませんが、それも所詮は「ホモ・サピエンスの枠内」でしかないのかもしれません。この本はそんな自分の視野の小ささを爽快に気づかせてくれる1冊です。

Chapter 5.

キャリアを
"高い視点"
で考えよう

これからの人生をどう生きていくべきか、キャリアについての悩みは深まるばかり…、という方も多いのではないでしょうか。

　そんな悩める人の多さを反映してか、世の中には多くの「キャリア本」があります。この本を手に取って読まれているみなさんも、自分の本棚を見るとキャリアに関する書籍が5〜6冊、すぐに見つかるのではないでしょうか。
　そんなみなさんにとって、本章で紹介している本のラインナップは、いわゆる「キャリア本」とは縁遠いものばかりで、違和感を覚えるかもしれません。しかし、ここでピックアップしている名著の骨太なメッセージは、極めて汎用性が高く、キャリアにも十分応用可能です。
　散々悩み抜いて、多くの書籍に助けを求めた方であれば、今までとは違う、一段高い視点で自分のキャリアを考える機会になるのではないかと思います。

　まずはイラスト解説のページを通じて本のストレートな趣旨を理解したら、各項目の最後のページ（本書の一節）で、キャリアについて一緒に考察を深めていきましょう。

　さて、本章の最初で紹介するのは、ドラッカーの『**プロフェッショナルの条件**』（P・F・ドラッカー著、上田惇生編訳、ダイヤモンド社）。プロフェッショナリズムのあるべき姿を描いた論文集です。
　キャリアを考えるとき、時間の使い方と向き合う必要があります。最大の制約条件である時間をどう使うのか。その意思決定の集大成が「キャリア」です。ドラッカーのメッセージは、キャリアを考える第一歩になるでしょう。

174

では時間の使い方はどうやって決めればいいのか。その問いには、『ビジョ
ナリーカンパニー2』（ジェームズ・C・コリンズ著、山岡洋一訳、日経BP）が参考に
なります。

　この本は数あるビジョナリーカンパニーシリーズの中で、最も評判の高い
1冊であり、企業が永続的に成功し続ける条件がまとめられています。本来な
らキャリアとは関係のない書籍ですが、「自分が世界一になれる部分」×「経
済的原動力になるもの」×「情熱を持って取り組めるもの」という企業のド
メインを決める3つの円を示した針鼠の概念はそのままキャリアに横展開で
きるフレームワークです。

　しかしキャリアを考える上で大切なのは、時間を使って「何を成し遂げる
のか」という問いの答えを定めることです。

　『ザ・ゴール』（エリヤフ・ゴールドラット著、三本木亮訳、稲垣公夫解説、ダイヤモン
ド社）は、生産を最適化していくための制約理論を理解するための書籍ですが、
タイトル通り目標（＝ゴール）を押さえ続けることの重要性を教えてくれます。

　生産過程が効率的かどうかは、ゴールをどこに定めるか次第であるという
こと。これはキャリアも同じで、一見無駄で非生産的のように感じられる行
動も、ゴール設定次第によっては意味のあることになり得るのです。

　『HARD THINGS』（ベン・ホロウィッツ著、滑川海彦、高橋信夫訳、小澤隆生日本語
版序文、日経BP）にはスタートアップ経営者のリアリティが描かれており、経
営者からの共感を集めた名著です。この書籍にある経営者の苦悩、多くのビ

ジネスパーソンがキャリアの過程で悩むことが高濃度に凝縮されています。「経営危機」という大きな壁に直面した経営者たちの悩み、そしてその壁の乗り越え方は、キャリアを築いていくためのマインドセットについての生きた知恵がつまっています。

『君主論』（マキアヴェリ著、池田廉訳、中央公論新社）は、あえてこの章にラインナップした書籍です。徹底的なリアリズムを追求し、神中心から人間中心の世界へと考え方の変化を促したマキャベリ。激動の時代で先進的な思想を示したマキャベリの考え方は、キャリア形成に大きなヒントを与えてくれます。

この章の最後であり、書籍の最後を飾るのは『修身教授録』（森信三著、致知出版社）。この本は、この章のテーマである「キャリア」のど真ん中に該当するでしょう。時代を超えて生き方のヒントを教えてくれる貴重な1冊です。「人生二度なし」というシンプルな言葉の意味を考えてこの章をクロージングしていきます。

時代も主題もまったく異なるラインナップですが、これらの書籍を通じて、私たちのこれからを一緒に考えていきましょう。

No.
25

プロフェッショナルの条件
いかに成果をあげ、成長するか

P・F・ドラッカー [著]　上田惇生 [編訳]
2000年　ダイヤモンド社

みんな大好きドラッカーの入門書。
ドラッカーがプロフェッショナル論を語った部分を抜きだして、
ドラッカー自身が再アレンジした本。
自己啓発本の「原液」とも言うべき内容で、まったく色あせることがない。

まずはこの本
からやな。
知らんけど。

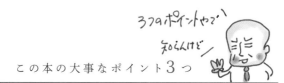

この本の大事なポイント３つ

POINT

1

時間をマネジメントせよ

POINT

2

もっと重要なことに集中せよ

POINT

3

強みを重視せよ

時間をマネジメントせよ

時間は何よりも貴重なリソース

はっはっは
コレ最強！

時間クン

- ☑ 借りたり買ったりできない
- ☑ 需要が増えても供給は硬直的
- ☑ 蓄積できない
- ☑ 一度消えたら二度と戻らない

あらゆるプロセスで、
成果の限界を規定するのは、
もっとも欠乏した資源である。
それが時間だ

時間に賢くなる方法

- ☑ する必要のない時間を捨て去れ
- ☑ 他の人間でもできることは人に任せよ
- ☑ 他人の時間を浪費してないか
  常にチェックせよ

汝の時間を知れ！　まずは
自分がどのように時間を
使っているかを把握すべし！

成果をあげるための秘訣を
ひとつだけあげるとすれば、
それは集中である！

そのためには…

→ 仕事の
優先順位を
決める

→ 仕事の
劣後順位を
決める

劣後順位を選ぶ
4つのポイント！

→ 過去ではなく
未来を選べ！

問題ではなく
機会に焦点を当てよ！

横並びではなく
自らの方向性を持て！

無難ではなく
変革を起こすものを！

劣後順位を決めるために
必要なことは
分析ではなく勇気である！

POINT **3** ┊ 強みを重視せよ

組織とは、強みを
成果に結びつけつつ、
弱みを中和し無害化する
ための道具である！

営業超得意
事務ダメ ✕ 営業ダメ
事務超得意

組織って
いいね〜♪

そのために上司が
部下について考えるべきことは…

こいつはオレと
うまくやっていけるのか？

こいつは何が
できないか？

こいつは何が
できるのか？

こいつは何が
卓越しているのか？

上司３

一つの卓越性
を発見すべし！

ブー

✕

ブー

✕

ピンポーン！

真に厳しい上司とは
それぞれの道で一流の
人間を作る人である

知らんけど。

Pick
Up
Point

押さえておきたいこの一節

『成果をあげる者は、時間が制約要因であることを知っている。あらゆるプロセスにおいて、成果の限界を規定するものは、もっとも欠乏した資源である。それが時間である。（中略）時間こそ真に普遍的な制約条件である』

（「第3章より」）

「時間こそがもっとも希少であり貴重なリソースである」、ということはもはや耳に新しくない考え方でしょう。

「もう少し時間があれば…」と感じることは、今まで何度あったことか。しかし、私たちは簡単に時間を無駄遣いしてしまいます。1日の具体的な時間の使い方を振り返れば、誰にでも思い当たる節があることでしょう。SNSの投稿に熱中し、アプリのゲームに時間を費やし、気づけば面白い動画に目を奪われている……。この積み重ねが1年になり、そして人生になっていくのです。

「時間が貴重である」という概念は嫌というほど理解している私たちにとって、いま重要な問いは、「具体的な時間配分をどう変えていくか」「何に時間を使わないことにするのか」ということです。

結局、概念だけでキャリアは変わりません。

まず変えるべきは、スケジュール表です。

時間配分を決めたら、それをスケジュール表に落とし込むこと。そして確実に遂行すること。

キャリアという大袈裟なことを考える前に、目の前のスケジュール表を具体的に変えることから変化はスタートするのだと思います。

ビジョナリー・カンパニー2
飛躍の法則

ジェームズ・C・コリンズ［著］　山岡洋一［訳］

2001年　日経BP

「誰バス」とか「第五水準」といった言葉が経営用語として使われるくらいになった
インパクトのある本。目覚ましい成長を15年にわたって成し遂げた11社を特定し、
その11社だけに見られる共通項をあぶり出したもの。
中身はシンプルだが時代を超えて使えるエッセンスがつまっている。

この本の大事なポイント3つ

グレートになる
ための3つの
条件！

POINT

 1

グレートになるためには
「規律ある人材」が重要だ

POINT

 2

グレートになるためには
「規律ある考え」が重要だ

POINT

 3

グレートになるためには
「規律ある行動」が重要だ

あいつは
第4水準
だよなー

← こいつは
せいぜい
第1水準

POINT 1 ： グレートになるためには「規律ある人材」が重要だ

第五水準のリーダーシップ

Level 5	謙虚さ ✕ 不屈の精神
Level 4	高い業績を出せる有能な経営者
Level 3	リソースを効率的に配分できる有能な管理者
Level 2	組織目標に寄与できる個人
Level 1	生産的な仕事をする有能な個人

バスに乗せる人をまず選ぶ

① まずバスに乗せる人を選び

② 不適格な人をバスから降ろし

③ 最後に目的地を決める

厳しい現実を直視する

どれほどの困難に
ぶつかっても
「最後には必ず勝つ」
という確信を失わない

×

自分が置かれている
現実の中で、もっとも
厳しい現実を直視する

**ストックデール
の逆説**

針鼠の概念

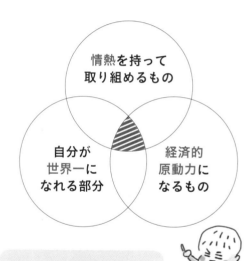

情熱を持って
取り組めるもの

自分が
世界一に
なれる部分

経済的
原動力に
なるもの

この3つの円が重なる
部分を深く理解せよ!
たとえ見つからなくても、
「最後には必ず見つかる」
という確信を持て

POINT 3 グレートになるためには「規律ある行動」が重要だ

規律の文化

4つの
ポイント

① **システムの枠組みの中で**
「自由と規律」を中心にする

② 最大限の努力を惜しまない
(コッテージ・チーズを洗うこと)を
賞賛する

③ 文化を**持続**させる。
一代の経営者の**一過性**の
ものにしない

④ **針鼠の概念**を堅持し、
外れたことは一切やらない

促進剤としての技術

ヤバイヨ！
凡

凡庸な企業

技術そのものが目的化。
取り残される不安にかられて
技術を採用してしまう

まぁまぁ落ちつい2
偉

偉大な企業

流行に乗るのは避けるが、
慎重に選んだ技術では
「先駆者」になっている。
技術はあくまでも促進剤だ

『針鼠の概念は、最高を目指すことではないし、最高になるための戦略でもないし、最高になる意思でもないし、最高になるための計画でもない。最高になれる部分はどこかについての理解なのだ。この違いは、まさに決定的である』

（「第5章」より）

『ビジョナリー・カンパニー2』で紹介される「針鼠の概念」は、成長する企業の戦略は総じて「自分が世界一になれる部分」×「経済的に原動力になるもの」×「情熱をもって取り組めるもの」の3つの円が重なる部分だけにフォーカスを置く、というものです。

「針鼠と狐」の寓話では、いろいろなことに目移りしてしまう狐に対して、シンプルに強みを生かしながら同じことをやり続ける針鼠の姿が描写されます。この針鼠に着想を得て、「針鼠の概念」とネーミングされたようです。この針鼠の概念は企業のドメイン設定の話ではありますが、言うまでもなくこれは個人の生き方にも通じます。キャリア形成の最初の段階でいろいろなことに手を出すことは決して無駄ではありませんが、ある程度のフェーズに来たら、針鼠のようにシンプルにすべきことを絞ることが重要です。

その際、この一節にある通り「最高になれる部分はどこなのか」という問いに答えなくてはなりません。これは、「どこで最高になりたいのか」という願望や意思の話ではなく、自分の能力ポテンシャルの話です。そのためには、早い段階で「自分は何が得意なのか」に気づく必要があります。しかし「得意なことに気づく」ことは、意外に難しい。私の経験で語るなら、「自分にとっては苦もなくできることなのに、他人は苦労していること」が得意なことです。後片付けでもエクセル作業でも、どんなシンプルなことでもいいのです。そこに気づくことができたら、その周辺に「最高になれるポテンシャル」が埋まっているはずです。

壮大な「針鼠の概念」も、まずは小さなポテンシャルの種に気づくことからはじまります。

NO.
27

ザ・ゴール
企業の究極の目的とは何か

エリヤフ・ゴールドラット[著]　三本木亮[訳]　稲垣公夫[解説]
2001年　ダイヤモンド社

もはや古典的名作。
「最終成果につながらないところでどんだけ頑張っても、意味がないどころかむしろマイナス!」
という全体最適の概念をわかりやすく伝えている本。メーカー工場が舞台であるが、
この概念そのものはいろいろ応用可能だ。

この本の大事なポイント3つ

スループット会計を理解せよ

「依存的事象」と「統計的変動」を考えろ

全体最適は5つのステップで実現せよ

POINT 1 ： スループット会計を理解せよ

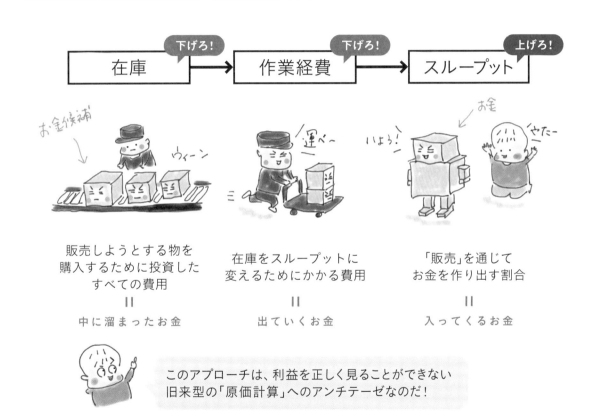

| 在庫 | →【下げろ!】| 作業経費 | →【下げろ!】| スループット【上げろ!】|

販売しようとする物を
購入するために投資した
すべての費用
＝＝
中に溜まったお金

在庫をスループットに
変えるためにかかる費用
＝＝
出ていくお金

「販売」を通じて
お金を作り出す割合
＝＝
入ってくるお金

このアプローチは、利益を正しく見ることができない
旧来型の「原価計算」へのアンチテーゼなのだ!

スループットを高めるには…

工程1	工程2	工程3
1時間に平均6個	1時間に平均8個	1時間に平均4個

まずは「それぞれの工程は何に依存しているのか？（依存的事象）」を考えよう

その上で、依存している工程の平均生産数だけでなく、「どれくらいブレが生じるのか（統計的変動※）」を考えよう

※平均6個というのは「いつでも6個できる」というわけではない。
もし2個しかできなければ、それに後工程は引っぱられるのだ

POINT 3 : 全体最適は5つのステップで実現せよ

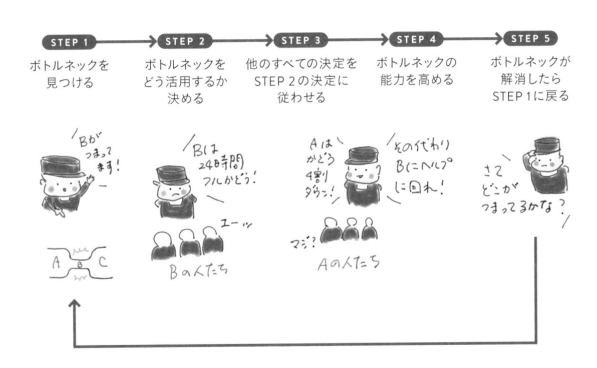

STEP 1	STEP 2	STEP 3	STEP 4	STEP 5
ボトルネックを 見つける	ボトルネックを どう活用するか 決める	他のすべての決定を STEP 2の決定に 従わせる	ボトルネックの 能力を高める	ボトルネックが 解消したら STEP 1に戻る

Pick
Up
Point

押さえておきたいこの一節

『「生産性とは目標に向かって
会社を近づける、その行為そ
のものだ。会社の目標に少し
でも会社を近づけることので
きる行為は、すべて生産的な
んだよ。その反対に目標から
遠ざける行為は非生産的だ。
わかるかね」』

(「第2章」より)

　年末年始や、会社で目標設定シートを作成するような節目の時期に「これから何をしようか」と考えることがあると思います。その際、私たちの多くは、「英会話を始めよう」とか「プログラミングだ」など、具体的な行動から考える傾向があります。

　しかし、重要なのはまず「ゴール（＝目標）」を定めること。

　企業の生産性がゴールへの接近度で評価されるように、個人の行動もゴールありきで考えるべきです。しかし実際には、キャリアのゴールを考えることはとても難しい。そして、ゴールというのは企業のビジョンと同様に、抽象度が高くなり、実感の伴わない言葉遊びになりがちです。またもし、ゴールに実感が伴っていないのなら、ゴールは「英会話」や「プログラミング」などの超具体的な行動目標に負けてしまうでしょう。

　企業の現場では、ビジョンの議論をするたびに「ビジョンで飯は食えない」といった発言が出てきます。そんな曖昧なことを語るより、少しでも動いていたほうが人間は安心できるのです。もちろんそこに真実の一端はありますが、具体的なゴール設定を疎かにすると、汗をたくさんかいてもゴールに1mmも近づかない業務がたくさん生まれてしまいます。

　私たちの生き方にもゴールが重要なのは言うまでもありません。節目節目のタイミングで、この名著の一節を思い出してみてください。

HARD THINGS
答えがない難問と困難に
きみはどう立ち向かうか

ベン・ホロウィッツ [著] 滑川海彦／高橋信夫 [訳] 小澤隆生 [日本語版序文]
2015年 日経BP

スタートアップの CEO に向けて書かれた超ニッチな本のはずなのに、
なぜか多くの人の共感を生んだ。
変にターゲットを広げて汎用化してないからこそ、当事者でない多くの人にとって
「知らない世界をのぞいた気になれる」という魅力があるのかも。

ちょっと
のぞかせて
ください

終わりの
ないレース!

起業は
苦闘だ!

HT

この本の大事なポイント３つ

POINT

1

CEO がつらいときに役立つ知識

POINT
2

「経営的負債」を抱えるな

POINT

3

CEO に求められる３つの資質

幹部を解雇する
ためのステップかー。
面白れー!

HT
HAT
EN

オレにはーもの
関係ないけど!

POINT 1 ｜ CEOがつらいときに役立つ知識

ひとりで背負いこむな
分けられる負荷は
すべて分かちあえ。
最大限の頭脳を集めよ

いまこそ挑戦のときと考えよ
偉大になりたいのであれば、
いまこそ挑戦のときだ

打つ手は必ずある
ビジネスはとても
複雑だ。複雑だから
こそ、どこかに必ず
打つ手はある

被害者意識を持つな
結局はすべて
お前（CEO）の責任だ

運がくるときまで待て
ゲームのルールはすぐに変わ
る。それを信じていまは
ただ耐え忍べ

"経営的負債"
=

経営的負債とは、
一時しのぎのための短期的経営判断の
結果として、後々大きな災いの
タネを抱えている状態

1 ひとつの役職に2人を据える

短期的に2人のトップマネージャーの
差を付けたくないから、同じ役職にして
しまうと、後々混乱を引き起こす

2 引き抜きの対抗策として
不相応の報酬を出す

本人以外にはバレないだろうと、例外的な
報酬にしても、いずれは明らかになり、
他の社員の不満になる

3 実績管理もフィードバック
プロセスもない

短期的なモチベーションばかりを考えて
厳しいことを言ってこないと、
パフォーマンスを下回ったときに
是正できなくなる

POINT 3 ┆ CEOに求められる3つの資質

\\ CEOはこの3つの資質を /
常に磨く必要があるのだ

1 ビジョンをいきいきと描く力

ダイナミックに説得力を持った
ビジョンを描けるか？
さらに言えば、会社が行き詰まり、
会社に留まる理由がなくなっている
社員に対して、残留を選んでくれる
ビジョンを語れるか？

オレしいいこと
言うから
みんな
聞いて〜

スティーブ・ジョブズ属性

2 正しい野心

「この人は自分のことより
部下のことを優先して考えている」と
思わせる雰囲気をかもし出す。
その結果、社員がみな「うちの会社」
と言うようになる

だーっはっは

ビル・キャンベル属性

3 ビジョンを現実化する能力

いわゆるマネジメント力。
課題に直面しながら、それらに
対して判断を迅速にこなして
ゴールまで導いていく

はい
みんな
こっちー

おいて
いくよ

アンドリュー・グローブ属性

Pick
Up
Point

押さえておきたいこの一節

『「成功するCEOの秘訣は何か」とよく聞かれるが、残念ながら秘訣はない。ただし、際立ったスキルがひとつあるとすれば、良い手がないときに集中して最善の手を打つ能力だ。逃げたり死んだりしてしまいたいと思う瞬間こそ、CEOとして最大の違いを見せられるときである』

（「第4章」より）

これほど本質をついた言葉はないと私は思っています。この一節を読んだときに「まさに！」と膝を打ちました。

調子が良いときには良いアイディアも浮かぶし、いろんなオファーも来る。何でもできるし、そこで大差はつきません。しかし、大きな違いが出るのはどん詰まりのタイミング。うまくいく企業は、そういうときこそ最大限集中して力を発揮することができます。その一方で、うまくいかない企業はヤケになって無茶な賭けや、普段取らないような悪手に走ってしまうのです。

このことは、企業であっても個人の生き方であっても同じでしょう。個人のキャリアでも、うまくいかないときにどういうアクションを取れるかが、人生を大きく左右するのです。

このような「うまくいかないタイミングでの最善策」は、地味であるがゆえにあまり注目を浴びることはありません。キャリアでも、語られやすいのは「転職した」「異動した」などといったわかりやすく華々しい意思決定です。しかし、キャリア形成で重要なのは、深刻なミスをしてしまった後に取った迅速なフォローアップのような些細な行動です。

地味だけど確実なフォローアップができなかったら、大事に至ってしまい、キャリアで窮地に陥っていた可能性があるのですから。

深刻な場面での何気ない「傷口を広げない意思決定」は、実は人生を救ってきたかもしれません。本当の人生のターニングポイントは、目立たない地味な瞬間にあるのかもしれません。

No.
29

君主論 新版

マキアヴェリ [著]　池田廉 [訳]
2018年（原書1532年）　中央公論新社

1500年頃に書かれたという歴史的名著。
国を治める君主はどうあるべきか、ということが悲観的な人間観に基づき語られている。
「戦国時代のイタリア」という文脈はあるものの、今のリーダーにも学べることはたくさんある。
キレイごとばかりを言っていては生き残れない世界もあるのだ。

POINT

1

人間はもともと「邪悪な」存在である

POINT

2

「信義を裏切ること」も ひとつのオプションだ！

POINT

3

結果の後に評価はついてくる

必要ならば、
悪徳も！

お腹
まっくろ！

POINT 1 ： 人間はもともと「邪悪な」存在である

良いとき…

ほうびじゃ

ホッホッホッ

いいい
ありがたきき幸せ！
一生たくくします！

悪いとき…

なんてこったい
攻めこまれてるYO.!

もうあの王様も
ムリだぜ！

まずは人に対する見方を
変えなきゃダメですよ！

人間はヨコシマなものです。
自分の利害が関係すれば、
ただの恩義の絆などすぐに断ち切られます。
他方で「処刑の恐れ」があれば
そうカンタンに見放されないのです。
人の善意に依存してはなりません！

マキアヴェリ先生

ホホホ

Mr. クリーン

ルールに基づき、
<ruby>公明正大<rt>こうめいせいだい</rt></ruby>な
ことしかしない

VS

フンッ フンッ

Mr. ダーティ

勝つためには
時として
ルールをやぶる

公明正大であることが称賛されることは
間違いありません。しかし、そんな君主よりも
時としてルールを逸脱する君主のほうが大きな
事業を成し遂げるのです。
なぜなら、人間は邪悪なものであり、すぐに
あなたを裏切ります。あなたもそのことを
前提に考えなくてはなりません

マキアヴェリ先生

POINT **3** 結果の後に評価はついてくる

プロセスがどれだけ
立派でも… ▶▶

結果が出なければ… ▶▶

評価は散々だ

プロセスがどれだけ
非人道的でも… ▶▶

結果が出れば… ▶▶

**評価は後から
ついてくる**

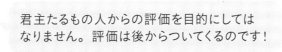

君主たるもの人からの評価を目的にしては
なりません。評価は後からついてくるのです!

マキアヴェリ先生

『現代は、人間の思惑のまったくはずれる世相の激変を、日夜、見せつけられているから、この見解はいっそう受け入れやすい。（中略）しかしながら、われわれ人間の自由意志は奪われてはならないもので、かりに運命が人間活動の半分を、思いのままに裁定しえたとしても、少なくともあとの半分か、半分近くは、運命がわれわれの支配にまかせてくれているとみるのが本当だと、わたしは考えている』

（「第25講」より）

この一節はややわかりにくいですが、平たく言えば「激変の世の中だから、大きな力に運命がコントロールされているように思えるかもしれないが、自分の運命の半分くらいはコントロールできるのだ」ということです。

この本が書かれた16世紀当時、運命は神の手によって宿命づけられていると考えられていました。しかし、現実主義者のマキャベリは、この「神中心」の考え方から「人間中心」へと考え方の軸足を移していったのです。運命の半分くらいは自分たちで支配できる。だからこそ、諦めたり綺麗事ばかりを言ったりしないで、最大限あがくべきだと。マキャベリの地に足のついた現実主義が、「マキャベリズム」と呼ばれる非道なまでの冷徹さにつながっていくのです。

そして、マキャベリのリアリズムは、現代の「会社中心」の考え方から、「個人中心」の流れにも応用できます。「会社の存在が大きすぎて、自分の力なんてほとんどない」「人事異動によって自分の運命が決められてしまっている」と思っている人も少なくないでしょう。

しかし、運命の主導権の半分程度は自分が握っているのです。会社や周囲からどんなに自己中心と思われても、やるべきことを考え抜き、ベストを尽くして運命を切り拓いていく覚悟が重要なのです。

この一節はマキャベリが16世紀の時代を「激動」という感覚で捉えていたことがわかります。私たちは過去のどんな時代よりも現在が激動なのだと勘違いしがちですが、人間にとってはどの時代も激動なのです。だからこそ、16世紀に書かれたこの一節が色褪せず、いまの時代にも読み替えることができるのです。

修身教授録
現代に甦る人間学の要諦

森信三 [著]
2011年（原書1939年）　致知出版社

森信三先生が大阪の師範学校にて、昭和12年〜13年に行った「修身」の授業録。
生徒は小学校の教師志望の学生たち。当時の授業の様子がリアルに伝わってくる。
この本を読むと、まるで自分が教室にいる気持ちになり、背筋が伸びる。

←学生になった
　気分

教育とか
人材育成に
関わる人
必読！

つーか
全人類
必読

この本の大事なポイント3つ

3つの
ポイントじゃ！

POINT ①

君の志は本当に立っているのか？

POINT ②

君には人を見る目はあるか？

POINT ③

君は真の教育者であるか？

はい注目！
ここテスト
出るよ！

↑
こんなことは
言いません

↑
森センセ

POINT **1** 君の志は本当に立っているのか？

グラグラ

志

うおー。
立てねーなー、志

キミの志は本当に
立っているのか？
チェックリストや！

Q1

自分の心の奥底に
潜在しているか？

Q4

自分の一挙手一投足を
支配しているか？

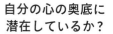

志や〜
立だや〜

Q2

常に念頭に
現れるか？

Q3

自己を導き
激励しているか？

人生は二度とないからこそ、
何のために生きるかが
問われるのだ！

人を見る5つの
チェックリスト！

あいつ
どうだろう
なぁ…

その1

その人は誰を**師**と仰いでいるか？

その2

その人は何を**目標**としているか？

その3

その人の**成してきたこと**は何か？

その4

その人の**愛読書**は何か？

その5

その人の**友人**はどういう人か？

POINT 3 ┊ **君は真の教育者であるか?**

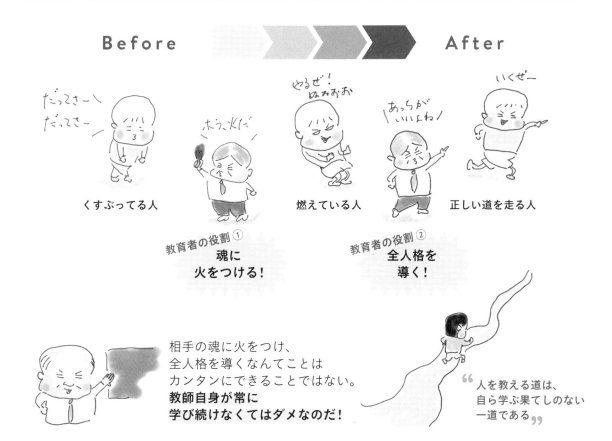

Before → After

だっこさーん
だっこさーん

3

くすぶってる人

ホウ、火だ

教育者の役割①
魂に
火をつける!

やるぜ!
ぬみおお

燃えている人

あっちが
いいよね!

教育者の役割②
全人格を
導く!

いくぜー

正しい道を走る人

相手の魂に火をつけ、
全人格を導くなんてことは
カンタンにできることではない。
教師自身が常に
学び続けなくてはダメなのだ!

"人を教える道は、
自ら学ぶ果てしない
一道である"

211

Pick
Up
Point

押さえておきたいこの一節

『かくして人生の真のスタートは、何よりもまずこの「人生二度なし」という真理を、その人がいかに深く痛感するかということから、始まると言ってよいでしょう』

（「第2部第3講」より）

この章のすべてのメッセージは、最終的にはこの一節につながってきます。

「人生二度なし」。

この単純な原理を認識してない人はいませんが、私たちはこれを簡単に忘れてしまいます。二度とないかけがえのない時間なのに、時間が無限にあるかのように消費してしまう。二度ない人生にもかかわらず、行き先を決めずに寄り道ばかりをしてしまう。

これは、森先生が言う通り、認識はしているものの「深く痛感」していないからなのかもしれません。かく言う私も、深く痛感するにはほど遠い状態です。頭では理解していても、時間が永遠に続くかのように生きてしまっています。そんな私は、森先生の言葉に従うならば、人生がまだスタートすらしていないのかもしれません。

黒澤明監督の映画で『生きる』という名作があります。仕事にまったくやる気のない公務員が、余命宣告を受けてから、自分の使命感に目覚めて残りの生を全うする話です。この作品の最大のオチは、主人公の最期の生き様に周囲の仲間は感銘を受けたのに、翌日からの生き方はまったく変わっていない、という皮肉さにあります。仲間たちは「人生二度なし」という生き様を近くで目の当たりにしても、「深く痛感する」までには至らなかったのです。

さて、「人生の真のスタート」はいつ来るのでしょうか。ひょっとしたら、映画『生きる』のように死の間際までわからないのかもしれません。いまの私にできることは、その意味を痛感できるように、書籍などを通じて多くの先人の教養をお借りしつつ、多くの経験を通して考えを深めていくしかないのでしょう。

おわりに
Outroduction

　学生の頃、私は国語のテストが苦手でした。特に「著者が一番言いたいことを表現した一文を抜粋せよ」とか、「著者の気持ちを表した表現で最もふさわしいものを（Ａ）〜（Ｃ）の中から一つ選べ」といった読解問題は大の苦手でした。

　著者の言いたいことは他にもあるかもしれないし、何よりも自分がそれをどう読み取るかは自由にさせてほしい。第三者が「こうである」と決めつけることにある種の傲慢さと窮屈さを感じていたのです。

　本書は、ビジネス書の名著や哲学書などを紹介しながらも、「誤読のススメ」を裏テーマとして、書籍を自由な解釈で楽しむ方法をご案内しました。

　本書で紹介した『大衆の反逆』（P.109参照）の著者であるオルテガは、『ドン・キホーテをめぐる省察』という書籍で、「私は、私と私の環境である」という名言を残しています。

　自分という存在は、自分だけでは完結しません。置かれた環境に大きく影響を受けて成立します。それを本に当てはめるならば、「本は、本と読者の文脈である」と読み替えられます。つまり、本は世の中に出たら、著者の意図だけではなく、読者の環境や文脈に依存して成立していくものなのです。

　本書では、Takramの渡邉さんの言葉をお借りして、「誤読」という表現を使いましたが、そう考えると語義通りの「誤読」なんてものは存在しません。「著者はこういうつもりかもしれないが、私の文脈で読み取れば、こういう学び取り方もできる」で良いのです。

私はこの1年間、Voicyという音声メディアで「荒木博行のbook cafe」という番組を持ち、毎日毎日、書籍を紹介していますが、その内容も、「誤読」にあふれています。

　「こういうことも考えられる」「こういう学びも存在する」といった本の読み方を、私の文脈で自由に解釈するとともに、リスナーの自由な解釈も交えて番組作りをしています。国語のテスト的観点だと、赤点の番組かもしれません。しかし、窮屈さとは無縁の楽しい読書体験が味わえる場になっていると自負しています。

　昨今、読書時間の減少や、書籍にかかわるビジネスの厳しさを見聞きする機会が増えています。書籍に携わる立場としては、とても悲しい限りです。

　しかしその一方で、私自身は、書籍の可能性はもっと広がるという手応えも持っています。その鍵は、「誤読」にあります。つまり、読者はもっともっと自由になっていいのです。

　私は書籍要約サービスを提供する株式会社フライヤーの取締役COOという立場で、書籍に関する新規事業もいろいろ考えていますが、本の楽しみ方をさらに追求し、元気のなくなってきた書籍ビジネスを盛り上げていきたいと思っています。

　みなさんもその一翼を担う存在として、この流れに関わっていただければ嬉しいです。共に書籍から自由に学び、前向きに行動を変えていきましょう。

　さて、本書では編集をいただいた株式会社ディスカヴァー・トゥエンティワンの書籍編集部部長である千葉正幸さん、岩﨑麻衣さんには大変お世話になりました。

214

当初の予定だと、2019年中に出版できているはずでしたが、長らくお待たせしてしまいました。

　また、フライヤーの仲間たちからは、書籍にかかわるプロフェッショナル集団として、どういう書籍を読むべきか、日々いろいろなヒントを授けてくれます。本書の中にも、みんなからの推薦が反映されている本が何冊か含まれています。

　最後に、私の執筆作業の真横で、受験直前の準備を頑張っていた長男の創至、次男の大志、そして3人を陰から支えてくれた妻の昌子にはとても感謝しています。

　息子たちが本書で取り上げた書籍を元に、お互いに語り合う日を楽しみにしています。

2020年1月　荒木 博行

見るだけでわかる！ ビジネス書図鑑
これからの教養

発行日　2020年1月30日　第1刷

Author & Illustrating	荒木博行
Book Designer	新井大輔　中島里夏（装幀新井）
Publication	株式会社ディスカヴァー・トゥエンティワン 〒102-0093　東京都千代田区平河町2-16-1 平河町森タワー11F TEL 03-3237-8321（代表）　FAX 03-3237-8323 http://www.d21.co.jp
Publisher	谷口奈緒美
Editor	千葉正幸　岩﨑麻衣

Publishing Company

蛯原昇	梅本翔太	古矢薫
青木翔平	大竹朝子	小木曽礼丈
小田孝文	小山怜那	川島理
木下智尋	越野志絵良	佐竹祐哉
佐藤淳基	佐藤昌幸	直林実咲
橋本莉奈	原典宏	廣内悠理
三角真穂	宮田有利子	渡辺基志
井澤徳子	俵敬子	藤井かおり
藤井多穂子	町田加奈子	丸山香織

Digital Commerce Company

谷口奈緒美	飯田智樹	安永智洋	大山聡子	岡本典子
早水真吾	磯部隆	伊東佑真	倉田華	榊原僚
佐々木玲奈	佐藤サラ圭	庄司知世	杉田彰子	高橋雛乃
辰巳佳衣	谷中卓	中島俊平	西川なつか	野﨑竜海
野中保奈美	林拓馬	林秀樹	牧野類	松石悠
三谷祐一	三輪真也	安永姫菜	中澤泰宏	王廳
倉次みのり	滝口景太郎			

Business Solution Company

蛯原昇	志摩晃司	瀧俊樹	藤田浩芳

Business Platform Group

大星多聞	小関勝則	堀部直人	小田木もも
斎藤悠人	山中麻吏	福田章平	伊藤香
葛目美枝子	鈴木洋子	畑野衣見	

Company Design Group

松原史与志	井筒浩	井上竜之介	岡村浩明	奥田千晶
田中亜紀	福永友紀	山田諭志	池田望	石光まゆ子
石橋佐知子	川本寛子	宮崎陽子		

Proofreader	株式会社T&K
Printing	日経印刷株式会社

ISBN 978-4-7993-2585-8　©Hiroyuki Araki, 2020, Printed in Japan.